여행 태국어

태국 핫플레이스 50

여행 태국어

초판 1쇄 발행 2020년 3월 3일
2판 1쇄 인쇄 2024년 3월 19일
2판 1쇄 발행 2024년 3월 29일

지은이 　　　　최가을
발행인 　　　　임충배
홍보/마케팅 　　양경자
편집 　　　　　김인숙, 왕혜영
디자인 　　　　정은진
펴낸곳 　　　　도서출판 삼육오 (PUB.365)
제작 　　　　　(주)피앤엠123

출판신고 2014년 4월 3일
등록번호 제406-2014-000035호

경기도 파주시 산남로 183-25
TEL 031-946-3196 / FAX 031-946-3171
홈페이지 www.pub365.co.kr

ISBN 979-11-92431-59-8 13730

바로 톡 talk

น่ารัก

โชคดี

อร่อย

저자 최가을

여행 태국어

🔍 태국 핫플레이스 50

PUB플

머리말

이 책의 임무는, 그리고 나의 임무는
여러분이 태국어를 통해 이루고자 하는 꿈과 미래에 가까워질 수 있도록 돕는 것입니다.
또한 태국어를 학습하는 데에 있어서 여러분이 나아가야 하는 올바른 방향으로 이끌어 가는 것입니다.
우리가 태국어를 공부하는 이유와 목표는 모두 다르나 그 본질은 같다고 생각합니다.
태국어란 누군가에게는 사랑하는 사람과의 대화 수단이 될 수 있고
어떤 이에게는 직업과 연결되는 도구가 될 수 있겠지요.
우리는 이상적인 삶을 위해 공부하게 됩니다.

이 책을 통해 여러분이 꿈꾸는 이상적인 삶에 가까워지기를 바랍니다.
여러분의 삶이 풍요로워지기를 희망합니다.
제가 태국어를 통해 가질 수 있었던 다양한 꿈과 기회를 여러분도 함께 이룰 수 있게 되기를 바랍니다.
언어를 통해 공부의 진정한 의미를 찾는 우리가 되었으면 합니다.
앞으로 여러분에게 펼쳐질 근사한 미래를 진심으로 응원하고 기대합니다.

마지막으로,
세상을 보는 통찰력과 지혜를 갖게 해 준 나의 신랑.
꿈을 찾아 떠나는 딸을 언제나 믿고 응원해주시는 나의 사랑하는 어머니, 아버지.
멋진 미래를 위해 첫 여정을 시작한 내 동생 국빈이.
앞으로도 아름답게 빛날 우리의 우정, 그리운 나의 여걸 식스.
모두 고맙고, 사랑합니다.

목차

바로톡 태국어

학습 | 바로톡
방법 | 태국어

태국 입국 준비 & 태국 숫자 표기
태국 입국 시 신고서 작성부터 막히면 안 되죠! 입국신고서 작성과 입국 시 주의사항을 담았습니다. 그리고 알아두면 좋은 태국 숫자 표기와 발음도 정리해 두었습니다.

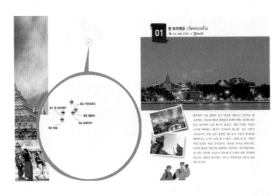

핫플레이스 위치 표시
방콕, 푸켓, 파타야 등 지도 위에 핫플레이스들의 위치를 한눈에 보기 쉽게 만들었습니다.

핫플레이스 정보와 유래
언어를 배울 때 그 언어를 쓰는 나라에 관해 알아두면 학습에 많은 도움이 됩니다.
각 핫플레이스들의 역사와 문화, 배경을 함께 담았습니다. 특색 있는 핫플레이스의 고유한 매력을 느껴보세요.

미리 만나보고 들어보고 말해보아요
여행할 때 자주 쓰는 대표적인 표현들을 모았습니다.
이 표현들을 미리 본 후 원어민 음성으로도 만나보세요.
여기서 보너스! 학습할 주요 단어들도 정리해 두었습니다.
각 챕터에서 배울 문장을 미리 접해보는 시간을 가져보아요!

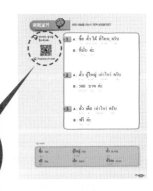

QR코드가 보인다면 스마트폰으로 찍어보세요!
각 챕터에서 배울 문장과 패턴을
원어민 음성으로 들을 수 있어요.

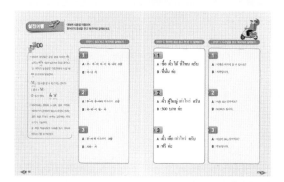

3단계 반복 시스템으로 실전 여행 고고!
미리 만나본 표현들을 제대로 배워볼까요?
성조를 보고 말해보고~
태국어를 보며 말해보고~
한국어를 보며 태국어로 말해보고~
적어도 세 번을 말할 수 있는 기회!
발음과 뜻을 반복해서 학습하다 보면 어렵지
않아요~
저자의 꿀팁도 가득 담겨 있으니,
겁내지 말고 follow me~~

기억하고 또 기억하기
대화문에서 자주 사용하게 되는 패턴을
모아~모았습니다.
자주 사용되는 패턴문장을 눈으로만 확인하면
쉽게 잊어버릴 수 있겠죠?
써보며 기억해보세요. 패턴 문장에 사용된
단어도 정리해 두었습니다.

열심히 공부한 당신! 잠시 쉬어도 좋다!
태국에 대해 좀 더 알아보는 시간을 가져볼까요?
문화, 음식 주문 팁, 마사지, 교통수단 등
태국에 관한 정보와 여행 시 필요한 팁을 담았습니다.

MP3 다운로드 방법
www.pub365.co.kr 홈페이지 접속 ≫ 도서 검색 ≫ 바로 톡 여행 태국어 클릭 ≫ MP3 다운
QR코드로 미리보기 대화문을 듣고 기억하기(패턴)의 동영상 보는 방법
스마트폰에 QR코드 어플을 다운로드하신 후, 어플을 실행시키면 사진 촬영 화면이 나와요.
QR코드를 화면에 맞춘 후 찰칵~ 찍어보세요!

입국 & 꿀팁 | 바로톡 태국어

| T.M.6 ดม.6 **1** | บัตรขาออก DEPARTURE CARD | T.M.6 ดม.6 | | **2** บัตรขาเข้า ARRIVAL CARD |

THAI IMMIGRATION BUREAU / THAI IMMIGRATION BUREAU

ชื่อสกุล Family Name **3**
ชื่อตัวและชื่อรอง First & Middle Name **4**
วัน-เดือน-ปีเกิด Date of Birth **5** DD MM YYYY
เลขที่หนังสือเดินทาง Passport no. **6**
สัญชาติ Nationality **7**
หมายเลขเที่ยวบินหรือพาหนะอื่น Flight no./ Vehicle no. **8**
ลายมือชื่อ Signature **9**
AB1234

ชื่อสกุล FAMILY NAME **3**
ชื่อตัว FIRST NAME **4**
ชื่อกลาง MIDDLE NAME **10**
เพศ/Gender **11** Male / Female
สัญชาติ Nationality **7**
เลขที่หนังสือเดินทาง Passport no. **6**
วัน-เดือน-ปีเกิด Date of Birth **5** DD MM YYYY
หมายเลขเที่ยวบินหรือพาหนะอื่น Flight no./ Vehicle no. **8**
ตรวจลงตราเลขที่ Visa no. **12**
อาชีพ Occupation **13**
เดินทางมาจากประเทศ Country Where You Boarded **14**
สำหรับเจ้าหน้าที่/For Official Use
วัตถุประสงค์ของการเดินทาง Purpose of Visit **15**
ระยะเวลาที่พำนัก Length of Stay **16**
เมืองและประเทศที่ท่านพำนัก/ Residence City / State **17**
Country of Residence **18**
ที่อยู่ Address in Thailand **19**
โทรศัพท์ Telephone **20**
อีเมล Email **21**
ลายมือชื่อ Signature **9**
AB1234

เฉพาะชาวต่างชาติ กรุณากรอกข้อมูลบนบัตรทั้ง 2 ด้าน / For non-Thai resident, please complete on both sides of this card

1 출국 카드 **2** 입국 카드 **3** 성 **4** 이름 **5** 생년월일/일/월/출생년도 **6** 여권번호
7 국적 **8** 항공편명 **9** 서명 **10** 중간이름 **11** 성별 **12** 비자번호
13 직업 **14** 탑승국가 **15** 방문목적 **16** 방문기간 **17** 거주지역
18 거주국가 **19** 태국 내 주소(숙소 위치) **20** 전화번호 **21** 메일 주소

เฉพาะชาวต่างชาติ / For non-Thai resident only

Type of flight **1**
☐ Charter ☐ Schedule

Is this your first trip to Thailand? **2**
☐ Yes ☐ No

Are you traveling as part of a tour group? **3**
☐ Yes ☐ No

Accommodation **4**
☐ Hotel ☐ Friend's House
☐ Youth Hostel ☐ Apartment
☐ Guest House ☐ Others

Next city/Port of disembarkation.

Purpose of Visit **5**
☐ Holiday ☐ Meeting ☐ Sports
☐ Business ☐ Incentive ☐ Medical & Wellness
☐ Education ☐ Convention ☐ Transit
☐ Employment ☐ Exhibition ☐ Others

Yearly Income **6**
☐ Less than 20,000 US$
☐ 20,001 - 60,000 US$
☐ More than 60,000 US$
☐ No Income

For Official Use / สำหรับเจ้าหน้าที่

IMPORTANT NOTICE
In accordance to Immigration Act, B.E. 2522
1. All passengers must complete the T.M.6 card.
2. The passenger must keep the departure card with his/her passport or travel document and present the card to the Immigration Officer at the Checkpoint at the time of departure.
3. If the alien stays in the Kingdom longer than 90 days, he/she must notify in writing at the nearest Immigration Office, concerning place of stay, as soon as possible upon expiration of 90 days. And required to do so every 90 days.
4. Aliens are not allowed to work unless they are granted Work Permit.

1 항공기 종류 전세기/정규편
2 태국 방문이 처음이신가요? 네/아니오
3 단체 관광으로 오셨나요? 네/아니오
4 숙소 유형 호텔/지인 집/유스호스텔/ 아파트/게스트하우스/기타

5 방문 목적 휴가/회의/운동/사업/보상 의료 · 건강/교육/국제회의/환승 취업/전시회/기타
6 연수입 2만 달러 이하/2만 달러 이상 6만 달러 이하/ 6만 달러 이상/무수입

■ 담배 세관 규정

태국에 입국 시 가지고 들어갈 수 있는 담배 범위는 1인 1보루예요. 다른 사람의 것이라도 본인이 1보루 이상 들고 있을 시 적발이 되면 벌금이 부과되니 꼭 주의해야 합니다. 또한 전자담배 같은 경우 태국에서는 불법으로 분류되기 때문에 절대 반입할 수 없어요.

■ 주류 세관 규정

주류 또한 1인 1병만을 소지할 것을 원칙으로 합니다. 단 1병은 1리터를 초과할 수 없어요. 초과 시 자진신고를 해야 합니다. 용량이 두 병 합쳐 1리터라 하더라도 허용범위인 1병을 초과하였기에 세관 규정에 어긋나게 되지요. 공항에서 불시검문을 통해 발각되는 즉시 물품은 압수당하고 벌금까지 물게 돼요.

■ 입국 심사 시 문제가 있을 경우

태국에서는 공공장소에서 상대에게 화를 내거나 큰 소리치는 것을 가장 몰상식한 행동으로 여기고 있어요. 그러므로 입국 심사를 받는 동안 문제가 생기더라도 목소리를 높이거나 거친 언행을 보여서는 안 돼요. 쉽게 해결될 일도 복잡해질 수 있거든요. 부드럽고 매너있는 태도로 해결해 나가야 합니다.

알아두면 유용한 꿀 TIP

태국에서는 태국 고유의 숫자 표기법과 아라비아 숫자를 혼용해요. 간혹 가격표나 입장료에 외국인은 아라비아 숫자로 내국인은 태국식 숫자표기로 가격이 다르게 적혀 있는 것을 볼 수 있답니다. 알아두면 그들의 비밀을 알 수 있겠죠?

아라비아숫자	0	1	2	3	4	5	6	7	8	9	10
발음	ศูนย์	หนึ่ง	สอง	สาม	สี่	ห้า	หก	เจ็ด	แปด	เก้า	สิบ
한글독음	쑨ㅡ	능	썽ㅡ	쌈ㅡ	씨ㅡ	하ㅡ	혹	쩻	빼ㅡ	까오	씹
태국식 숫자 표기	๐	๑	๒	๓	๔	๕	๖	๗	๘	๙	๑๐

예외 ❶ 숫자 11은 สิบเอ็ด 씹엣이라 한다.   สิบหนึ่ง 씹능 (×)

❷ 숫자 20은 ยี่สิบ 이ㅡ씹이라 한다.   สองสิบ 썽ㅡ씹 (×)

즉, 숫자 21은 ยี่สิบเอ็ด 이ㅡ씹엣이 된다.

백	ร้อย	러ㅡ이	천	พัน	판ㅡ	만	หมื่น	믄ㅡ

핫플레이스 태국 여행

방콕 DAY1

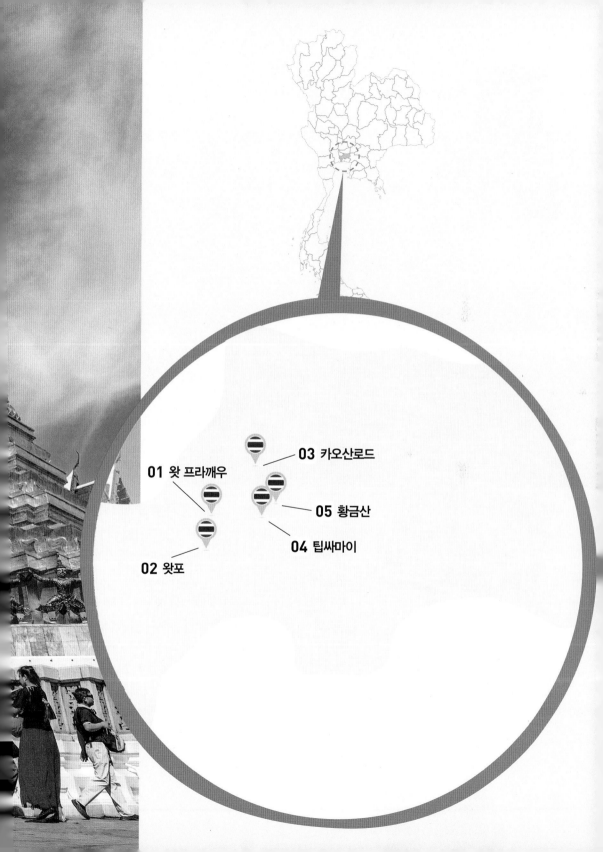

01 왓 프라깨우

02 왓포

03 카오산로드

04 팁싸마이

05 황금산

01 왓 프라깨우 (วัดพระแก้ว)

➡️ 오늘 배울 표현은 ~ 얼마야?

태국에서 가장 영향력 있고 신성한 사원으로 간주되는 왓 프라
깨우. 곳곳에 세워진 황금탑과 화려한 벽화, 웅장한 태국 불교
장식에서 눈을 떼기가 힘들다. 법당 안에는 옥돌로 조각된 만큼
귀중한 것으로서 국왕과 왕세자를 제외하고는 누구도 손을 댈
수 없다. 1년에 세 번, 국왕이 직접 불상의 옷을 갈아입히는
중요한 의식을 행하는데, 국가에 행운을 깃들기를 염원하는
뜻에서다. 태국인들에게는 성스럽고 경건한 곳이므로 민소매
등 노출이 심한 옷차림을 하고서는 출입이 불가하다. 반드시
복장예절을 갖추고 방문 하도록 하자.

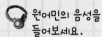

어떤 대화를 하는지 먼저 살펴볼까요?

원어민의 음성을
들어보세요.

Thailand_01.mp3

1

A : ซื้อ ตั๋ว ได้ ที่ไหน ครับ
　　쓰- 뚜-아 다-이 티-나이 크랍

B : ที่นั่น ค่ะ
　　티-난 카

2

A : ตั๋ว ผู้ใหญ่ เท่าไหร่ ครับ
　　뚜-아 푸-야이 타오라이 크랍

B : 500 บาท ค่ะ
　　하-러-이 밧- 카

3

A : ตั๋ว เด็ก เท่าไหร่ ครับ
　　뚜-아 덱 타오라이 크랍

B : ฟรี ค่ะ
　　프리- 카

⭐ WORD

ซื้อ 사다 쓰-	ผู้ใหญ่ 어른 푸-야이	ตั๋ว 표, 티켓 뚜-아
ฟรี 무료 프리-	เด็ก 어린이 덱	ที่ไหน 어디서 티-나이

 실전여행

대화한 내용을 떠올리며
원어민의 음성을 듣고 태국어로 말해보세요.

 tip

» 태국어 높임말은 문장 끝에 여자는 카\`,
남자는 크랍 (짧게 발음하여 캅)을 붙인다.
크랍
단, 여자의 높임말은 의문문에서 쓰일 때
카\`로 바뀌어 발음한다.
카

» 다-이는 '(동사)를 할 수 있다'라는 뜻이다.
다-이
[동사 + 다-이]

ex 살 수 있다. 쓰- 다-이
쓰- 다-이

» 태국어에는 물음표, 느낌표, 쉼표,
마침표, 띄어쓰기가 존재하지 않는다.
문장이 바뀌는 경우 혹은 주제가 바뀌는
경우에는 띄어 쓰기가 가능하다.
본 책은 학습자들의 이해를 돕기 위하여
띄어쓰기를 표기하였다.

STEP 1. 성조 보고 태국어로 말해보기

1

A : 쓰- 뚜-아 다-이 티-나이 크랍

B : 티-난 카

2

A : 뚜-아 푸-야이 타오라이 크랍

B : 하-러-이 밧- 카

3

A : 뚜-아 덱 타오라이 크랍

B : 프리- 카

1

A : ซื้อ ตั๋ว ได้ ที่ไหน ครับ

B : ที่นั่น ค่ะ

2

A : ตั๋ว ผู้ใหญ่ เท่าไหร่ ครับ

B : 500 บาท ค่ะ

3

A : ตั๋ว เด็ก เท่าไหร่ ครับ

B : ฟรี ค่ะ

1

A : 티켓은 어디서 살 수 있나요?

B : 저쪽입니다.

2

A : 어른 표는 얼마예요?

B : 500바트 입니다.

3

A : 어린이 표는 얼마예요?

B : 무료입니다.

เท่าไหร่ ~ 얼마야?

타오라이

- **อันนี้ เท่าไหร่ คะ**
  안니- 타오라이 카

  이것은 얼마입니까?

- **อันนั้น เท่าไหร่ คะ**
  안난 타오라이 카

  그것은 얼마입니까?

- **ราคา เท่าไหร่ คะ**
  라-카- 타오라이 카

  가격이 얼마입니까?

- **อายุ เท่าไหร่ คะ**
  아-유 타오라이 카

  나이가 어떻게 되세요?

- **ค่าเข้า เท่าไหร่ คะ**
  카-카오 타오라이 카

  입장료가 얼마입니까?

Point 1 เท่าไหร่는 '얼마'라는 뜻으로 문장 끝에 위치한다.
타오라이

Point 2 เท่าไร라 표기할 수도 있다.
타오라이

STEP 2. 제시된 단어를 활용하여 직접 써보기

- **อันนี้** 이것
  안니-
- **อันนั้น** 그것
  안난
- **ราคา** 가격
  라-카-
- **อายุ** 나이
  아-유
- **ค่าเข้า** 입장료
  카-카오

- 이것은 얼마입니까?

  อันนี้ เท่าไหร่ คะ

- 그것은 얼마입니까?

  อันนั้น เท่าไหร่ คะ

- 가격이 얼마입니까?

  ราคา เท่าไหร่ คะ

- 나이가 어떻게 되세요?

  อายุ เท่าไหร่ คะ

- 입장료가 얼마입니까?

  ค่าเข้า เท่าไหร่ คะ

19

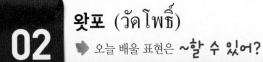

방콕이 수도로 정해지기 전 16세기에 지어진 왓포. 가장 오래된 사원으로 역사가 깊다. 왓포의 상징이자 유명한 볼거리로는 길이 46m, 높이 15m의 웅장한 와불상을 꼽을 수 있는데 황금색으로 칠해진 와불(누워 있는 부처)은 부처가 깨달음을 얻은 모습을 형상화한 것이다. 와불 형상이 매우 커서 전체 모습을 카메라로 찍기도, 한눈에 담기도 힘들 정도다. 또한, 과거 태국 교육과 의학 중심지의 역할을 담당했던 왓포 사원은 전통 타이 마사지가 탄생한 곳으로 마사지학교가 와불상만큼이나 유명하다. 마사지 전문교육 프로그램을 운영 중이며, 저렴한 가격에 뛰어난 마사지를 받아볼 수 있다.

미리보기

어떤 대화를 하는지 먼저 살펴볼까요?

원어민의 음성을
들어보세요.

Thailand_02.mp3

1

A : ที่นี่ ที่ไหน ครับ
티-니- 티-나이 크랍

B : โรงเรียน นวดแผนไทย ค่ะ
롱-리-얀 누-앗 팬- 타이 카

2

A : เรียน นวด ได้ไหม ครับ
리-얀 누-앗 다-이마이 크랍

B : ได้ ค่ะ
다-이 카

3

A : ที่นี่ รับ นวด ได้ไหม ครับ
티-니- 랍 누-앗 다-이마이 크랍

B : ได้ ค่ะ ที่นี่ เก่ง จริงๆ ค่ะ
다-이 카 티-니- 껭- 찡찡 카

☆ WORD

ที่นี่ 여기, 이곳 티-니-	**โรงเรียน** 학교 롱-리-얀	**นวดแผนไทย** 타이마사지 누-앗팬-타이
เรียน 배우다 리-얀	**รับ** 받다, 얻다 랍	**เก่ง** 능숙하다, 잘하다 껭-

실전여행

대화한 내용을 떠올리며
원어민의 음성을 듣고 태국어로 말해보세요.

tip

» 꾸며주는 말은 우리말과 다르게 뒤에 위치한다.

ex 마사지 학교

นวด โรงเรียน (X)
누-앗 롱-리-얀

โรงเรียน นวด (O)
롱-리-얀 누-앗

» 단어 뒤에 단어를 반복 말하는 기호 ๆ를 붙여 그 뜻을 더 강조할 수 있다. 비교적 짧은 발음과 함께 쓰인다.

ex 진짜다 — จริง
찡

진짜야! — จริงๆ
찡찡

STEP 1. 성조 보고 태국어로 말해보기

1

A : 티-니- 티-나이 크랍

B : 롱-리-얀 누-앗팬-타이 카

2

A : 리-얀 누-앗 다-이마이 크랍

B : 다-이 카

3

A : 티-니- 랍 누-앗 다-이마이 크랍

B : 다-이 카 티-니- 껭- 찡찡 카

1

A : ที่นี่ ที่ไหน ครับ

B : โรงเรียน นวดแผนไทย
ค่ะ

1

A : 여기는 어디예요?

B : 태국 마사지 학교랍니다.

2

A : เรียน นวด ได้ไหม ครับ

B : ได้ ค่ะ

2

A : 마사지를 배울 수 있나요?

B : 배울 수 있어요.

3

A : ที่นี่ รับ นวด ได้ไหม
ครับ

B : ได้ ค่ะ ที่นี่ เก่ง จริงๆ ค่ะ

3

A : 여기서 마사지를 받을 수 있나요?

B : 받을 수 있어요. 여기 정말 잘한답니다.

23

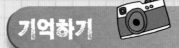

ได้ไหม ~할 수 있어?

다–이마이

- **กิน ได้ไหม ครับ**
  낀   다–이마이   크랍

  먹을 수 있어요?

- **นั่ง ที่นี่ ได้ไหม ครับ**
  낭   티–니–   다–이마이   크랍

  여기 앉을 수 있어요?

- **ช่วย ได้ไหม ครับ**
  추–아이   다–이마이   크랍

  도와줄 수 있어요?

- **ไป ได้ไหม ครับ**
  빠이   다–이마이   크랍

  갈 수 있어요?

- **อ่าน ได้ไหม ครับ**
  안–   다–이마이   크랍

  읽을 수 있어요?

STEP 2. 제시된 단어를 활용하여 직접 써보기

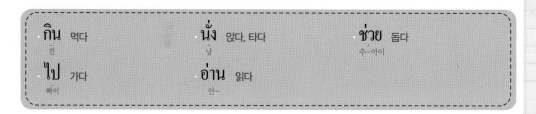

• 먹을 수 있어요?

กิน ได้ไหม ครับ

• 여기 앉을 수 있어요?

นั่ง ที่นี่ ได้ไหม ครับ

• 도와줄 수 있어요?

ช่วย ได้ไหม ครับ

• 갈 수 있어요?

ไป ได้ไหม ครับ

• 읽을 수 있어요?

อ่าน ได้ไหม ครับ

03 카오산로드 (ถนนข้าวสาร)

➡ 오늘 배울 표현은 ~ 있다, ~을 가지고 있다

배낭 여행객들의 성지인 카오산로드. 태국 배낭여행은 이곳에서 시작되고 끝난다는 말이 있다. 불과 400m의 짧은 거리이지만 저렴한 숙소와 바나나 팬케이크, 코를 자극하는 길거리 팟타이까지 어느 하나 빠트릴 수 없는 흥미로운 것들로 가득 차 있다. 야외 테라스에 앉아 배낭을 메고 오가는 사람들을 구경하는 것만으로도 재미난 곳이다. 수많은 여행자들이 뿜어내는 열기와 에너지가 카오산로드만의 독특한 분위기를 만들어 대표적인 관광명소가 되었다. 낮에는 수영장에서 조용히 여유를 만끽할 수 있을 정도로 느긋하지만 밤에는 음악과 불빛이 가득한 화려한 곳으로 변한다. 실시간 여행정보를 얻을 수 있으며 옆 테이블에 앉은 친구가 여행 메이트가 될지도 모르는 재미난 카오산로드.

어떤 대화를 하는지 먼저 살펴볼까요?

 원어민의 음성을 들어보세요.

🎵 Thailand_03.mp3

1

A : มี ห้อง ว่าง ไหม ครับ
　　미- 　헝- 　왕- 　마이 　크랍

B : มี ค่ะ มี ห้อง แอร์ และ ห้อง
　　미- 　카 　미- 　헝- 　애- 　래 　헝-

　　พัดลม ค่ะ
　　팟롬 　카

2

A : ห้อง แอร์ เท่าไหร่ ครับ
　　헝- 　애- 　타오라이 　크랍

B : 400 บาท ค่ะ
　　씨-러-이 　밧- 　카

3

A : แพง ครับ ลด หน่อย ได้ไหม ครับ
　　팽- 　크랍 　롯 　너-이 　다-이마이 　크랍

B : ไม่ ได้ ค่ะ
　　마이 　다-이 　카

⭐ WORD

ห้อง 방 (헝-)	พัดลม 선풍기 (팟롬)	ว่าง 비다, 한가하다 (왕-)
แพง 비싸다 (팽-)	แอร์ 에어컨 (애-)	ลด 줄이다, 감소하다 (롯)

실전여행

대화한 내용을 떠올리며
원어민의 음성을 듣고 태국어로 말해보세요.

» และ는 '그리고, ~와'를 의미한다.
  래

  ex 어른과 어린이

  ผู้ใหญ่ และ เด็ก
  푸-아이   래   덱

» หน่อย는 '좀, 약간'이라는 뜻으로 주로
  너-이

부탁을 할 때 좀 더 부드럽게 표현하기

위해서 사용한다.

  ex 깎아줄 수 있어요?

  ลด ได้ไหม ครับ
  롯 다-이마이 크랍

  좀 깎아줄 수 있어요?

  ลด หน่อย ได้ไหม ครับ
  롯   너-이 다-이마이 크랍

» ไม่는 부정형을 만든다. [ไม่+동사/형용사]
  마이

  ex 비싸다   แพง
               팽-

  비싸지 않다. ไม่ แพง
              마이 팽-

STEP 1. 성조 보고 태국어로 말해보기

1

A : 미- 헝- 왕- 마이 크랍

B : 미- 카 미- 헝- 애- 래
    헝- 팟롬 카

2

A : 헝- 애- 타오라이 크랍

B : 씨-러-이 밧- 카

3

A : 팽- 크랍 롯 너-이 다-이마이 크랍

B : 마이 다-이 카

28

1

A : มี ห้อง ว่าง ไหม ครับ

B : มี ค่ะ มี ห้อง แอร์ และ ห้อง พัดลม ค่ะ

2

A : ห้อง แอร์ เท่าไหร่ ครับ

B : 400 บาท ค่ะ

3

A : แพง ครับ ลด หน่อย ได้ไหม ครับ

B : ไม่ ได้ ค่ะ

1

A : 빈 방 있나요?

B : 있어요. 에어컨 방과 선풍기 방이 있어요.

2

A : 에어컨 방은 얼마예요?

B : 400바트 입니다.

3

A : 비싸네요. 좀 깎아주실 수 있나요?

B : 깎아줄 수 없어요.

มี
—미—

~ 있다, ~을 가지고 있다

STEP 1. 성조 보고 말해보기

- **มี แฟน ครับ**
  미– 팬– 크랍

  애인 있어요.

- **มี รถ ไหม ครับ**
  미– 롯 마이 크랍

  자동차 있어요?

- **มี ที่นั่ง ว่าง ไหม ครับ**
  미– 티–낭 왕– 마이 크랍

  빈 자리 있어요?

- **ไม่ มี เวลา ครับ**
  마이 미– 웰–라– 크랍

  시간 없어요.

- **ไม่ มี ดินสอ ครับ**
  마이 미– 딘써– 크랍

  연필 없어요.

Point 1 มี는 사람, 물건의 소유 유무를 나타낼 때 사용한다.
미-

Point 2 비슷한 뜻의 อยู่는 '~에 있다' 즉 사람, 사물, 동물 등이 어느 위치에 있는지를 나타낼 때 사용한다.
유-

ex 나는 책을 가지고 있다 = มี
미-

ex 그 책은 책상 위에 있다 = อยู่
유-

STEP 2. 제시된 단어를 활용하여 직접 써보기

แฟน 애인 (남자친구, 여자친구)	รถ 자동차	ที่นั่ง 자리, 좌석
팬-	롯	티-낭
เวลา 시간	ดินสอ 연필	
웽-라-	딘써-	

• 애인 있어요.

มี แฟน ครับ

• 자동차 있어요?

มี รถ ไหม ครับ

• 빈 자리 있어요?

มี ที่นั่ง ว่าง ไหม ครับ

• 시간 없어요.

ไม่ มี เวลา ครับ

• 연필 없어요.

ไม่ มี ดินสอ ครับ

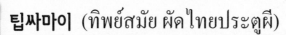

04

팁싸마이 (ทิพย์สมัย ผัดไทยประตูผี)

➡️ 오늘 배울 표현은 ~ 주세요

세계에서 가장 맛있는 도시로 선정된 방콕. 그 중 팁싸마이는 '누들' 부분에서 최고로 인정받은 식당으로 궁극의 팟타이를 맛볼 수 있다. 호불호 없이 모두가 좋아하는 팟타이를 주문할 때에는 팟타이 꿍(새우), 팟타이 무(돼지고기), 팟타이 탈래(해산물) 등 원하는 재료를 팟타이 뒤에 붙여주어 말하면 된다. 팁싸마이의 인기 비결은 바로 누들에 있는데 기계로 가공한 것이 아닌, 햇볕에 자연 건조된 면으로, 입안을 맴도는 찰진 식감이 확연히 다르다. 현지인들에게도 유명한 곳이기에 항상 줄이 길지만 쉴 새 없이 볶아지는 팟타이의 향연을 바라보다 보면 어느 순간 자신의 차례가 된다.

어떤 대화를 하는지 먼저 살펴볼까요?

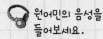 원어민의 음성을
들어보세요.

Thailand_04.mp3

1

A : เอา อะไร ครับ
　　아오　　아라이　　크랍

B : เอา ผัดไทย กุ้ง ค่ะ
　　아오　　팟타이　　꿍　　카

2

A : กิน ที่นี่ ไหม ครับ
　　낀　　티-니-　　마이　　크랍

B : ค่ะ เอา น้ำส้ม ด้วย ค่ะ
　　카　　아오　　남쏨　　두-아이　　카

3

A : ขอโทษ ครับ หมด แล้ว ครับ
　　커-톳-　　크랍　　못　　래-우　　크랍

B : หมด แล้ว เหรอ คะ
　　못　　래-우　　러ㅓ-　　카

⭐ WORD

อะไร 무엇 아라이	**น้ำส้ม** 오렌지주스 남쏨	**ผัดไทย** 팟타이 팟타이
ด้วย ~또한(행동의 연속) 두-아이	**กุ้ง** 새우 꿍	**หมด** 끝나다, 다하다, 없어지다 못

실전여행

대화한 내용을 떠올리며
원어민의 음성을 듣고 태국어로 말해보세요.

» 여자/남자의 높임말

ค่ะ/ครับ은 대답 '네'를 할 때도 사용한다.
카   크랍

» แล้ว는 문장 끝에 위치하여 과거형을 만들고
래-우
'이미 ~을 했다'라고 해석된다.

ⓔⓧ 먹는다   กิน
                 낀

    이미 먹었다   กิน แล้ว
                 낀 래-우

» เหรอ는 ไหม와 마찬가지로 의문문을
   르ㅓ-   마이
만든다. 둘의 차이는 เหรอ는 이미 알고
                        르ㅓ-
있는 사실을 재확인할 때 사용한다.

ⓔⓧ 갈래?   ไป ไหม
               빠이   마이

  (가는지 안 가는지 아무 정보를 모르는 상황)

   간다고?   ไป เหรอ
               빠이   르ㅓ-

  (간다는 것을 이미 알고있는 상황)

1

A : 아오 아라이 크랍

B : 아오 팟타이 꿍 카

2

A : 낀 티-니- 마이 크랍

B : 카 아오 남쏨 두-아이 카

3

A : 커-톳- 크랍 못 래-우 크랍

B : 못 래-우 르ㅓ- 카

1

A : เอา อะไร ครับ

B : เอา ผัดไทย กุ้ง ค่ะ

1

A : 무엇을 원해요?(무엇을 드릴까요)

B : 새우 팟타이 주세요.

2

A : กิน ที่นี่ ไหม ครับ

B : ค่ะ เอา น้ำส้ม ด้วย ค่ะ

2

A : 여기서 먹을 건가요?

B : 네. 오렌지주스도 함께 주세요.

3

A : ขอโทษ ครับ หมด แล้ว
ครับ

B : หมด แล้ว เหรอ คะ

3

A : 어쩌죠. 이미 다 팔렸어요.

B : 다 팔렸다고요 ?

เอา ~ 주세요
อา-โอ

STEP 1. 성조 보고 말해보기

• เอา มะม่วง ค่ะ
  อา-โอ   มา-มู-앙   카

  망고 주세요.

• เอา กาแฟ เย็น ค่ะ
  อา-โอ   까-패-   엔   카

  시원한(아이스) 커피 주세요.

• ไม่ เอา เผ็ด ค่ะ
  마이   아오   펫   카

  맵지 않게 주세요.

• ไม่ เอา หวาน ค่ะ
  마이   아오   완-   카

  달지 않게 주세요.

• ไม่ เอา เหรอ
  마이   아오   러-

  필요 없다고?

Point 1 เอา의 본연의 뜻은 '가지다, 원하다, 소유하다'이지만 상점이나 식당에서 물건을 사거나 주문을 할 때처럼
아오
구어체에서는 '~ 주세요'라는 표현으로 사용할 수 있다.

Point 2 ไม่ เอา = ~ 주지 마세요, ~ 필요 없어요
마이 아오

มะม่วง 망고
마무―앙

กาแฟ 커피
까―패―

เย็น 시원하다, 저녁, 오후
옌

เผ็ด 맵다
펫

หวาน 달다
완―

• 망고 주세요.

เอา มะม่วง ค่ะ

• 시원한(아이스) 커피 주세요.

เอา กาแฟ เย็น ค่ะ

• 맵지 않게 주세요.

ไม่ เอา เผ็ด ค่ะ

• 달지 않게 주세요.

ไม่ เอา หวาน ค่ะ

• 필요 없다고?

ไม่ เอา เหรอ

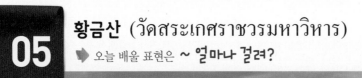

05 황금산 (วัดสระเกศราชวรมหาวิหาร)

➡️ 오늘 배울 표현은 ~ 얼마나 걸려?

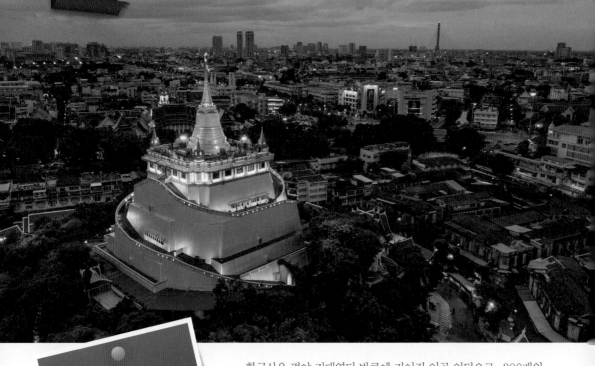

황금산은 평야 지대였던 방콕에 지어진 인공 언덕으로, 300개의 계단을 오르면 정상에서 방콕 경치를 한눈에 담을 수 있다. 약 80m 높이에서 360도 시내를 바라볼 수 있는 것이다. 이곳을 골드 마운트, 태국어로는 푸카우텅이라 부른다. 입구에는 라마 1세대 때 지어진 왓 싸껫 사원이 있는데 방콕에서 오래된 사원 중 하나이며 정상에는 불상과 황금빛의 쩨디가 있다. 해가 지는 저녁이면 노을빛에 황금산이 더욱 더 반짝거리는 것을 볼 수 있다. 오르는 길에는 무더위를 달래줄 오아시스 같은 카페가 있어서 시원한 커피도 즐길 수 있다. 쩨디가 있는 정상은 오후 5시 30분이 마지막 입장이니 그 전에 올라가야 한다.

미리보기

어떤 대화를 하는지 먼저 살펴볼까요?

 원어민의 음성을
들어보세요.

Thailand_05.mp3

1

A : ใช้เวลา ขึ้น นานเท่าไหร่ ครับ
차이웰라- 큰 난-타오라이 크랍

B : ประมาณ 15 นาที ค่ะ
쁘라만- 씹하- 나-티- 카

2

A : วันนี้ ร้อน กว่า เมื่อวาน ครับ
완니- 런 꽈- 므-아완 크랍

B : อยาก ดื่ม กาแฟ เย็น ไหม คะ
약- 듬 까-패- 옌 마이 카

3

A : ที่นี่ มี คาเฟ่ ด้วย เหรอ ครับ
티-니- 미- 카-페- 두-아이 르어- 크랍

B : ค่ะ จะ ดื่ม อะไร คะ
카 짜 듬- 아라이 카

⭐ WORD

- **ใช้เวลา** 시간이 걸리다
  차이웰라-

- **ประมาณ** 대략
  쁘라만-

- **นาที** 분
  나-티-

- **วันนี้** 오늘
  완니-

- **เมื่อวาน** 어제
  므-아완-

- **คาเฟ่** 카페
  카-페-

실전여행

대화한 내용을 떠올리며
원어민의 음성을 듣고 태국어로 말해보세요.

STEP 1. 성조 보고 태국어로 말해보기

---

tip 00

» กว่า는 비교급을 만든다.
꽈–

[동사/형용사 + กว่า]

ex 덥다   ร้อน
런–

더 덥다   ร้อน กว่า
런– 꽈–

» อยาก은 '~(동사)하고 싶다, 바라다,
약–

원하다'라는 뜻으로 주로 동사 앞에

위치한다.

[อยาก+동사]

ex 마시다   ดื่ม
듬–

마시고 싶다   อยาก ดื่ม
약– 듬–

» จะ는 미래형을 만든다. [จะ+동사]
짜

ex 오르다, 타다   ขึ้น
큰

오를 것이다. 탈 것이다   จะ ขึ้น
짜 큰

1

A : 차이웰–라– 큰 난–타오라이 크랍

B : 쁘라만– 씹하– 나–티– 카

2

A : 완니– 런– 꽈– 므–아완– 크랍

B : 약– 듬– 까–패– 옌 마이 카

3

A : 티–니– 미– 카–페– 두–아이 르–
크랍

B : 카 짜 듬– 아라이 카

40

1

A : ใช้เวลา ขึ้น นานเท่าไหร่
ครับ

B : ประมาณ 15 นาที ค่ะ

A : 올라가는데 시간이 얼마나 걸려요?

B : 대략 15분 정도 걸려요.

2

A : วันนี้ ร้อน กว่า เมื่อวาน
ครับ

B : อยาก ดื่ม กาแฟ เย็น
ไหม คะ

A : 오늘이 어제보다 더 덥네요.

B : 아이스 커피 마실래요?

3

A : ที่นี่ มี คาเฟ่ ด้วย เหรอ
ครับ

B : ค่ะ จะ ดื่ม อะไร คะ

A : 여기 카페도 있다고요?

B : 네. 뭘 마실래요?

41

นานเท่าไหร่ ~ 얼마나 걸려?
난-타오라이

STEP 1. 성조 보고 말해보기

- **จะ อยู่ ที่นี่ นานเท่าไหร่ ครับ**
  짜   유-   티-니-   난-타오라이   크랍

  여기에 얼마나 있을 거예요?

- **จะ รอ นานเท่าไหร่ ครับ**
  짜   러-   난-타오라이   크랍

  얼마나 기다릴 거예요?

- **จะ ใช้ นานเท่าไหร่ ครับ**
  짜   차이   난-타오라이   크랍

  얼마나 사용할 거예요?

- **ไป สนามบิน ใช้เวลา นานเท่าไหร่ ครับ**
  빠이   싸남-빈   차이웰-라-   난-타오라이   크랍

  공항 가는데 시간이 얼마나 걸려요?

- **ไป โรงหนัง ใช้เวลา นานเท่าไหร่ ครับ**
  빠이   롱-낭   차이웰-라-   난-타오라이   크랍

  영화관 가는데 시간이 얼마나 걸려요?

STEP 2. 제시된 단어를 활용하여 직접 써보기

อยู่ 살다, 거주하다   **รอ** 기다리다   **ใช้** 사용하다
유-   러-   차이

สนามบิน 공항   **โรงหนัง** 영화관
싸남-빈   롱-낭

- 여기에 얼마나 있을 거예요?

จะ อยู่ ที่นี่ นานเท่าไหร่ ครับ

- 얼마나 기다릴 거예요?

จะ รอ นานเท่าไหร่ ครับ

- 얼마나 사용할 거예요?

จะ ใช้ นานเท่าไหร่ ครับ

- 공항 가는데 시간이 얼마나 걸려요?

ไป สนามบิน ใช้เวลา นานเท่าไหร่ ครับ

- 영화관 가는데 시간이 얼마나 걸려요?

ไป โรงหนัง ใช้เวลา นานเท่าไหร่ ครับ

핫플레이스 태국 여행

방콕 DAY2

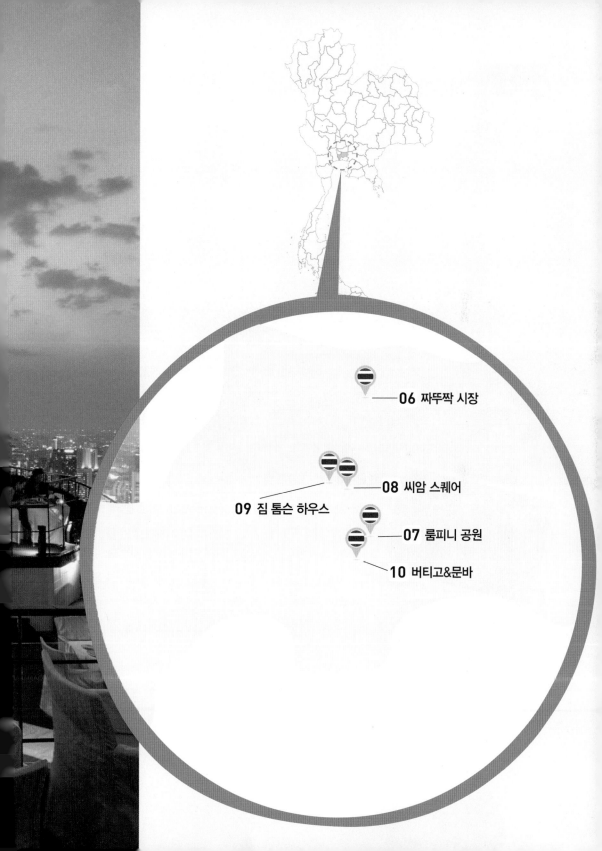

06 짜뚜짝 시장 (ตลาดนัดจตุจักร)

➡ 오늘 배울 표현은 ~ 어때?

방콕에서 열리는 최대 규모의 주말시장으로 매주 토요일과 일요일에 열린다. 총 27개 구역으로 나뉘어 있어 없는 것을 찾는 게 쉬울 정도로 다양한 물건들을 판매한다. 보통 제이제이(J.J) 마켓이라 불리는데 관광객은 물론이고 현지인들까지 몰려 엄청난 인파를 이룬다. 미로 같은 시장 으로 복잡하지만 사람 구경하는 것만으로도 재미가 쏠쏠하니 천천히 돌아보자. 매장들이 빼곡 하고 날씨가 더워 중간중간 갈증을 달랠 수 있는 음료를 섭취 해야 한다. 오랫동안 걸어야 하니 편안한 신발은 필수! 먹고 마시는 것 또한 시장의 묘미이니 푸짐한 로컬푸드를 놓치지 말자!

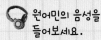

원어민의 음성을
들어보세요.

Thailand_06.mp3

1 A : เสื้อผ้า นี้ เป็นอย่างไร
쓰ㅡ아파ㅡ   니ㅡ   뺀양ㅡ라이

สี นี้ สวย ไหม
씨ㅡ 니ㅡ 쑤ㅡ아이 마이

B : ไม่ สวย เลย
마이 쑤ㅡ아이 르ㅓㅡ이

2 A : ขอโทษ ครับ
커ㅡ톳ㅡ   크랍

มี สี อะไร อีก ไหม ครับ
미ㅡ 씨ㅡ 아라이 익ㅡ 마이 크랍

B : มี สีแดง และ สีส้ม ค่ะ
미ㅡ 씨ㅡ댕ㅡ 래 씨ㅡ쏨 카ㅡ

3 A : สีส้ม เป็นอย่างไร
씨ㅡ쏨   뺀양ㅡ라이

B : สีส้ม สวย กว่า สีแดง
씨ㅡ쏨 쑤ㅡ아이 꽈ㅡ 씨ㅡ댕ㅡ

⭐ **WORD**

เสื้อผ้า 옷	สี 색	• สวย 이쁘다
쓰ㅡ아파ㅡ	씨ㅡ	쑤ㅡ아이
• อีก 다시, 또, 더	สีแดง 빨간색	• สีส้ม 주황색
익ㅡ	씨ㅡ댕ㅡ	씨ㅡ쏨ㅡ

실전여행

대화한 내용을 떠올리며
원어민의 음성을 듣고 태국어로 말해보세요.

STEP 1. 성조 보고 태국어로 말해보기

» '이, 그, 저'를 뜻하는 세 단어는 형용사

용법으로 쓰일 때 성조와 글자가 바뀐다.

ex '이' นี่ → นี้
       니-   니-

    '그' นั่น → นั้น
        난   난

    '저' โน่น → โน้น
         논-   논-

» เลย는 문장 끝에 붙여 그 의미를 강조할 때
  르ㅓ-이
  사용한다. '절대, 완전히, 전혀' 등의 뜻으로

  해석할 수 있다.

» 정확하게 성조를 지켜 발음해야 말하고자

  하는 의미를 제대로 전달할 수 있다.

  비슷한 성조를 주의하자!

  ex 이쁘다   สวย
                          쑤-아이

     운이 없다, 재수 없다   ซวย
                          쑤-아이

1

A : 쓰-아파- 니- 뻬얀-라이
    씨- 니- 쑤-아이 마이

B : 마이 쑤-아이 르ㅓ-이

2

A : 커-톳- 크랍
    미- 씨- 아라이 익- 마이 크랍

B : 미- 씨-댕- 래 씨-쏨 카

3

A : 씨-쏨 뻬얀-라이

B : 씨-쏨 쑤-아이 꽈- 씨-댕-

1

A : เสื้อผ้า นี้ เป็นอย่างไร
 สี นี้ สวย ไหม

B : ไม่ สวย เลย

2

A : ขอโทษ ครับ
มี สี อะไร อีก ไหม ครับ

B : มี สีแดง และ สีส้ม ค่ะ

3

A : สีส้ม เป็นอย่างไร

B : สีส้ม สวย กว่า สีแดง

1

A : 이 옷 어때?

이 색 이쁘지 않아?

B : 전혀 예쁘지 않아.

2

A : 저기요.

다른 색 더 있나요?

B : 빨간색과 주황색 있어요.

3

A : 주황색은 어때?

B : 주황색이 빨간색보다 더 이쁘다.

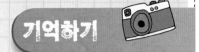 기억하기

เป็นอย่างไร　~ 어때?
뻰양-라이

- **ช่วงนี้ เป็นอย่างไรบ้าง ครับ**
  추-앙니-　　뻰양-라이방-　　크랍

  요즘 어떻게 지내세요?

- **สุขภาพ เป็นอย่างไรบ้าง ครับ**
  쑤카팝-　　　　뻰양-라이방-　　크랍

  건강은 어떠세요?

- **รสชาติ เป็นอย่างไร ครับ**
  롯찻-　　　뻰양-라이　　크랍

  맛이 어때요?

- **ออกเสียง เป็นอย่างไร ครับ**
  억-씨-양　　　　뻰양-라이　　크랍

  발음 어때요?

- **อากาศ เป็นอย่างไร ครับ**
  아-깟-　　　뻰양-라이　　크랍

  날씨 어때요?

STEP 2. 제시된 단어를 활용하여 직접 써보기

ช่วงนี้ 요즘	สุขภาพ 건강	รสชาติ 맛
추–앙나–	쑤카팝–	롯찻–
ออกเสียง 발음하다	อากาศ 날씨	
억–씨–양	아–깟–	

• 요즘 어떻게 지내세요?

ช่วงนี้ เป็นอย่างไรบ้าง ครับ

• 건강은 어떠세요?

สุขภาพ เป็นอย่างไรบ้าง ครับ

• 맛이 어때요?

รสชาติ เป็นอย่างไร ครับ

• 발음 어때요?

ออกเสียง เป็นอย่างไร ครับ

• 날씨 어때요?

อากาศ เป็นอย่างไร ครับ

07 룸피니 공원 (สวนลุมพินี)
➡ 오늘 배울 표현은 ~할 필요 없다

방콕의 센트럴파크라 불리는 룸피니 공원은 바쁜 도심 속 잠시나마 자연을 느낄 수 있는 곳이다. '룸피니'는 석가모니가 네팔에서 태어난 성지 '룸비니'에서 유래되었다. 세계 2차 대전에는 일본군의 군대 기지로 사용되었고 이후에는 파티나 연회장의 역할을 하였다. 오늘날의 룸피니 공원은 운동, 산책, 자전거 타기 등 다양한 야외 활동이 가능한 쉼터로 모두에게 사랑을 받는 곳이다. 룸피니 공원에서는 놀랍게도 물 도마뱀을 만날 수 있는데 그 크기가 정말 거대하다. 도마뱀이 이렇게 인간과 가깝게 살아가는 곳도 전 세계에 몇 곳밖에 되지 않는다고 하니 정말 신기한 공원이다.

원어민의 음성을
들어보세요.

Thailand_07.mp3

1

A : ตกใจ หมด เลย
  뚝짜이   못   르ㅓ-이

B : เกิด อะไร ขึ้น
  끄ㅓㅅ- 아라이 큰

2

A : มี อะไร ใกล้ ทะเลสาบ
  미-   아라이   끌라이   탈레-쌉-

B : โน่น คือ ตะกวด ไม่ ต้อง กังวล
  논-   크-   따꾸-앗   마이   떵-   깡원

3

A : ทำไม ตะกวด อยู่ ที่นี่
  탐마이   따꾸-앗   유- 티-니-

 ไม่ อันตราย เหรอ
  마이   안따라-이   르ㅓ-

B : ไม่ ทำร้าย คน
  마이   탐라-이   콘

⭐ WORD

ตกใจ 놀라다 뚝짜이	**เกิดขึ้น** 일어나다, 발생하다 끄ㅓㅅ- 큰	**ใกล้** 가깝다, 근처 끌라이
ทะเลสาบ 호수 탈레-쌉-	**อันตราย** 위험하다 안따라-이	**ทำร้าย** 해치다 탐라-이

실전여행

대화한 내용을 떠올리며
원어민의 음성을 듣고 태국어로 말해보세요.

» ตกใจ หมด เลย는 '깜짝이야, 완전 놀랬어!'
똑짜이 못 르ㅓ-이

라는 표현으로 구어체에서 많이 사용한다.

» คือ는 '~이다'라는 뜻으로 주로 장소,
크-

사물, 고유명사와 쓰인다.

ex 이것은 ~이다, 저곳은 ~이다

참고 '~이다'의 또 다른 단어로 เป็น은 어떤
뻰

것에 대한 설명이나 정보를 전달할 때

사용한다. 주로 사람에 대한 소개, 국적,

직업 등을 이야기할 때 쓴다.

ex 나는 한국사람이다, 그녀는 의사이다

» ทำไม는 '왜'를 뜻하는 의문사이다.
탐마이

ex 왜 걱정해?

ทำไม กังวล
탐마이   깡원

1

A : 똑짜ᅩ이 못 르ㅓ-이

B : 끄ㅓㅅ- 아라ᅩ이 큰

2

A : 미- 아라ᅩ이 끌라이 탈레-쌉-

B : 논- 크- 따꾸-앗
마ᅩ이 떵- 깡원

3

A : 탐마ᅩ이 따꾸-앗 유- 티-니-
마ᅩ이 안따라-이 르ㅓ-

B : 마ᅩ이 탐라-이 콘

1

A : ตกใจ หมด เลย

B : เกิด อะไร ขึ้น

2

A : มี อะไร ใกล้ ทะเลสาบ

B : โน่น คือ ตะกวด
ไม่ ต้อง กังวล

3

A : ทำไม ตะกวด อยู่ ที่นี่
ไม่ อันตราย เหรอ

B : ไม่ ทำร้าย คน

1

A : 깜짝이야!

B : 무슨 일이야?

2

A : 호수 근처에 뭔가가 있어.

B : 저것은 큰 도마뱀이야.
걱정할 필요 없어.

3

A : 왜 도마뱀이 여기에 있는거야?
위험하지 않은 거야?

B : 사람을 공격하지 않아.

ไม่ ต้อง ~할 필요 없다

마이   떵-

- ไม่ ต้อง ยิ้ม

  마이   떵-   임

  미소 지을 필요 없어.

- ไม่ ต้อง วิ่ง ทุกวัน

  마이   떵-   윙   툭완

  매일 뛸 필요 없어.

- ไม่ ต้อง รัก เขา

  마이   떵-   락   카오

  그를 사랑할 필요 없어.

- ต้อง ไม่ วิ่ง ทุกวัน

  떵-   마이   윙   툭완

  매일 뛰지 말아야 한다.

- ต้อง ไม่ รัก เขา

  떵-   마이   락   카오

  그를 사랑하지 말아야 한다.

STEP 2. 제시된 단어를 활용하여 직접 써보기

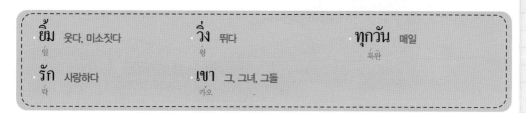

ยิ้ม 웃다. 미소짓다
임

วิ่ง 뛰다
윙

ทุกวัน 매일
툭완

รัก 사랑하다
락

เขา 그, 그녀, 그들
카오

• 미소 지을 필요 없어.

ไม่ ต้อง ยิ้ม

• 매일 뛸 필요 없어.

ไม่ ต้อง วิ่ง ทุกวัน

• 그를 사랑 할 필요 없어.

ไม่ ต้อง รัก เขา

• 매일 뛰지 말아야 한다.

ต้อง ไม่ วิ่ง ทุกวัน

• 그를 사랑하지 말아야 한다.

ต้อง ไม่ รัก เขา

08 씨암 스퀘어 (สยามสแควร์)

➡️ 오늘 배울 표현은 ~ 어디에 있어?

씨암은 태국 젊은이들의 패션 1번지이자 트렌드를 선도하는 곳으로 항상 에너지가 넘친다. 대학교가 근처에 있어 주말이면 수많은 학생들로 붐비며 각종 이벤트와 라이브 공연도 감상할 수 있다. 이곳에 위치한 씨암 파라곤은 방콕 뿐만 아니라 동남아시아 최고의 쇼핑센터로 영화관, 오션월드, 레스토랑, 오페라 등 다양한 부대시설이 구비된 대형쇼핑몰이다. 슈퍼카와 각종 명품샵이 즐비해있고 유명 맛집은 물론, 푸드코트까지 있어 뜨거운 낮 시간을 피해 관광을 즐길 수 있는 최적의 장소이다. 짐을 무료로 보관해주는 곳이 있어 여행 막바지에 기념품 쇼핑을 하기에 더더욱 안성맞춤!

미리보기

어떤 대화를 하는지 먼저 살펴볼까요?

 원어민의 음성을 들어보세요.

🎬 Thailand_08.mp3

1

A : สยาม อยู่ที่ไหน ครับ
　　싸얌-　　유-티-나이　　크랍

B : ตรงไป แล้วก็ เลี้ยวซ้าย ค่ะ
　　뜨롱빠이　　래-우꺼-　　리-야우싸-이　　카

2

A : ขอบคุณ ครับ คุณ ใจดี มาก ครับ
　　컵-쿤　　크랍　　쿤　　짜이디-　　막-　　크랍

B : ไม่เป็นไร ค่ะ
　　마이뻰라이　　카

3

A : คุณ ไป ไหน ครับ
　　쿤　　빠이　　나이　　크랍

B : ที่จริงแล้ว ฉัน ก็ ไป สยาม ค่ะ
　　티-찡래-우　　찬　　꺼-　　빠이　　싸얌-　　카

⭐ WORD

• ตรงไป 직진하다	• เลี้ยวซ้าย 좌회전	• ใจดี 친절하다
뜨롱빠이	리-야우싸-이	짜이디-
• มาก 많이, 매우	• ที่จริงแล้ว 사실은	• ก็ ~도, 또한
막-	티-찡래-우	꺼-

대화한 내용을 떠올리며
원어민의 음성을 듣고 태국어로 말해보세요.

» แล้วก็는 '그리고(나서)'를 의미한다.
래-우꺼-

ex 먹고 나서 가 = กิน แล้วก็ ไป
낀   래-우꺼- 빠이

» คุณ은 '당신, 너'라는 뜻으로 상대방을
쿤
높여 부를 때 사용한다. 이름 앞에 붙여 ~씨.

~님을 나타낼 수 있다.

ex 데이지 씨, 데이지 님 = คุณ 데이지
쿤

» 여자가 자신을 지칭할 때는 ฉัน,
찬
남자가 자신을 지칭할 때는 ผม이라 말한다.
폼

1

A : 싸얌- 유-티-나이 크랍

B : 뜨롱빠이 래-우꺼- 리-야우싸-이 카

2

A : 컵-쿤 크랍
    쿤 짜이디- 막- 크랍

B : 마이뺀라이 카

3

A : 쿤 빠이 나이 크랍

B : 티-찡래-우 찬 꺼- 빠이 싸얌- 카

1

A : สยาม อยู่ที่ไหน ครับ

B : ตรงไป แล้วก็ เลี้ยวซ้าย ค่ะ

2

A : ขอบคุณ ครับ

คุณ ใจดี มาก ครับ

B : ไม่เป็นไร ค่ะ

3

A : คุณ ไป ไหน ครับ

B : ที่จริงแล้ว ฉัน ก็ ไป สยาม ค่ะ

1

A : 씨암은 어디에 있나요?

B : 직진하고 나서 좌회전 하세요.

2

A : 감사합니다.

너무 친절하시네요.

B : 별 말씀을요.(괜찮습니다, 천만에요)

3

A : 어디가세요?

B : 사실은 저도 씨암에 가요.

61

อยู่ที่ไหน ～ 어디에 있어?
유–티–나이

- ห้องน้ำ อยู่ที่ไหน คะ
  형–남–　　유–티–나이　　카

  화장실은 어디에 있나요?

- สถานีรถไฟ อยู่ที่ไหน คะ
  싸타–니–롯파이　　유–티–나이　　카

  기차역은 어디에 있나요?

- ธนาคาร อยู่ที่ไหน คะ
  타나–칸–　　유–티–나이　　카

  은행은 어디에 있나요?

- คุณ ทำงาน ที่ไหน คะ
  쿤　　탐응안–　　티–나이　　카

  당신은 어디서 일하나요?

- คุณ จะ ลง ที่ไหน คะ
  쿤　짜　롱　티–나이　카

  당신은 어디서 내릴 거예요?

Point 1 อยู่ '살다, 거주하다, ~있다'와 ที่ไหน '어디서'가 결합되어 '~ 어디에 있어?'라는 표현이 된다.
유-   티-나이

Point 2 ที่ไหน를 구어체에서 นี่ย이라고 줄여 말하기도 한다.
티-나이

STEP 2. 제시된 단어를 활용하여 직접 써보기

ห้องน้ำ 화장실   สถานีรถไฟ 기차역   ธนาคาร 은행
형-남-   싸타-니-롯파이   타나-칸-

ทำงาน 일하다   ลง 내리다
탐응안-   롱

• 화장실은 어디에 있나요?

ห้องน้ำ อยู่ที่ไหน คะ

• 기차역은 어디에 있나요?

สถานีรถไฟ อยู่ที่ไหน คะ

• 은행은 어디에 있나요?

ธนาคาร อยู่ที่ไหน คะ

• 당신은 어디서 일하나요?

คุณ ทำงาน ที่ไหน คะ

• 당신은 어디서 내릴 거예요?

คุณ จะ ลง ที่ไหน คะ

09 짐 톰슨 하우스 (พิพิธภัณฑ์บ้านจิม ทอมป์สัน)

⬛ 오늘 배울 표현은 ~해? 안 해?

미군 장교였던 짐 톰슨은 제2차 세계대전 때 태국으로 파병된 인물이다. 후에 고향으로 귀국하였지만, 태국을 잊지 못해 다시 돌아온 그는 자신이 직접 태국 전통 양식을 따라 집을 설계하였다. 그 집이 바로 오늘날의 짐 톰슨 하우스! 짐 톰슨 하우스의 견고함과 정교함을 보고 있으면 그가 얼마나 애착을 가지고 집을 지었는지 알 수 있다. 또한 그는 살아생전 태국 실크 산업의 발전을 이끈 주역으로 그의 이름을 딴 고급 실크 상품을 만드는 브랜드도 탄생 시켰다. 짐 톰슨 하우스 입구에서는 전통 방식 그대로 누에에서 실을 뽑는 것을 볼 수 있으며, 도심 한가운데에 있음에도 불구하고 마치 열대우림 안에 있는 듯한 기분이 든다. 정원에 있는 레스토랑과 카페에 앉아 고즈넉한 전통가옥을 감상할 수 있다.

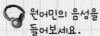
어떤 대화를 하는지 먼저 살펴볼까요?

 원어민의 음성을
들어보세요.

🎵 Thailand_09.mp3

1

A : เที่ยง พรุ่งนี้ ว่าง ไหม ครับ
   티-양   프룽니-   왕-   마이   크랍

B : ว่าง ค่ะ ทำไม คะ
   왕-   카   탐마이   카

2

A : อยาก ไปเที่ยว ที่นี่ กับ คุณ ครับ
   약-   빠이티-야우   티-니-   깝   쿤   크랍

   รู้จัก ที่นี่ หรือเปล่า ครับ
   루-짝   티-니-   르-쁠라오   크랍

B : ไม่ รู้จัก ค่ะ
   마이   루-짝   카

3

A : ไป กัน ไหม ครับ
   빠이   깐   마이   크랍

B : ได้ ค่ะ พบ กัน พรุ่งนี้ ค่ะ
   다-이   카   폽   깐   프룽니-   카

⭐ WORD

เที่ยง 정오 티-양	พรุ่งนี้ 내일 프룽니-	ไปเที่ยว 놀러가다, 여행가다 빠이티-야우
กับ ~와 함께 깝	รู้จัก 알다 루-짝	พบ 만나다 폽

실전여행

대화한 내용을 떠올리며
원어민의 음성을 듣고 태국어로 말해보세요.

» ว่าง ไหม는 일상대화에서 '시간 있어?
   왕- 마이

한가해?'라는 표현으로 자주 쓰인다.

» กัน은 서로가 함께 같은 동작을 한다는 것을
   깐

표현할 때 사용하는 단어이다.

ex 만나다 = พบ
            폽

   함께 만나다 = พบ กัน
              폽   깐

» "알다"의 단어로 รู้จัก과 รู้가 있다.
              루-짝   루-

   둘의 차이점으로는 รู้จัก = (장소, 사람)을 알다.
                   루-짝

ex 그 선생님을 안다, 태국에 대해 안다,

   그 책을 알고 있다.

รู้ = (지식, 정보)를 알다.
루-

ex 나는 선생님이 저번 주에 결혼하신 것을

   안다.

STEP 1. 성조 보고 태국어로 말해보기

1

A : 티-양 프룽니- 왕- 마이 크랍

B : 왕- 카 탐마이 카

2

A : 약- 빠이티-야우 티-니- 깝 쿤 크랍
    루-짝 티-니- 르-쁠라오 크랍

B : 마이 루-짝 카

3

A : 빠이 깐 마이 크랍

B : 다-이 카 폽 깐 프룽니- 카

66

1

A : เที่ยง พรุ่งนี้ ว่าง ไหม
ครับ

B : ว่าง ค่ะ ทำไม คะ

1

A : 내일 정오에 시간 있어요?

B : 한가해요. 왜요?

2

A : อยาก ไปเที่ยว ที่นี่ กับ
คุณ ครับ รู้จัก ที่นี่ หรือ
เปล่า ครับ

B : ไม่ รู้จัก ค่ะ

2

A : 이곳에 당신과 함께 가고 싶어서요.
여기 알아요(몰라요)?

B : 몰라요.

3

A : ไป กัน ไหม ครับ

B : ได้ ค่ะ พบ กัน พรุ่งนี้ ค่ะ

3

A : 같이 갈래요?

B : 갈 수 있어요. 내일 만나요.

67

기억하기

หรือเปล่า ~해? 안 해?
르-쁠라오

STEP 1. 성조 보고 말해보기

- **ทิ้ง หรือเปล่า ครับ**
  팅　　　르-쁠라오　　　크랍

  버려요?(안 버려요?)

- **แน่ใจ หรือเปล่า ครับ**
  내-짜이　　　르-쁠라오　　　크랍

  확신해요?(안 해요?)

- **ทำการบ้าน หรือเปล่า**
  탐깐-반-　　　　르-쁠라오

  숙제 했어?(안 했어?)

- **จะ กลับ บ้าน หรือเปล่า**
  짜　　끌랍　　반-　　　르-쁠라오

  집에 돌아갈 거야?(말 거야?)

- **รู้จัก บ้าน ผม หรือเปล่า**
  루-짝　　반-　　폼　　르-쁠라오

  내 집 알아?(몰라?)

68

Point 1 หรือเปล่า는 '~인지 아닌지'를 물어볼 때 사용하며 문장 끝에 위치한다.
르―빨라오

Point 2 구어체에서 짧게 줄여 รึป่าว라고 말하기도 한다.
르빠―우

STEP 2. 제시된 단어를 활용하여 직접 써보기

ทิ้ง 버리다, 폐기하다	แน่ใจ 확실하다, 확신하다	ทำการบ้าน 숙제하다
팅	내―짜어	탐깐―반―
กลับ 돌아가다(오다)	บ้าน 집	
끌랍	반―	

• 버려요?(안 버려요?)

ทิ้ง หรือเปล่า ครับ

• 확신해요?(안 해요?)

แน่ใจ หรือเปล่า ครับ

• 숙제 했어?(안 했어?)

ทำการบ้าน หรือเปล่า

• 집에 돌아갈 거야?(말 거야?)

จะ กลับ บ้าน หรือเปล่า

• 내 집 알아?(몰라?)

รู้จัก บ้าน ผม หรือเปล่า

여행의 마지막을 장식하기에 이보다 근사한 곳이 있을까. 방콕 반얀트리 호텔 61층의 위치한 문바는 음료 위주로 즐길 수 있고 버티고는 식사를 할 수 있는 레스토랑 형태로 운영되고 있다. 시내 전체가 한눈에 들어와 낮보다 밤이 아름다운 방콕의 야경을 감상할 수 있으며 배의 형상을 모티브로 설계되어 마치 도시 위에 떠오른 배에 있는 듯한 착각이 든다. 밤이 되면 사람이 많아지므로 석양이 지기 전에 도착해야 비교적 여유로운 시간을 보낼 수 있다. 비가 오는 날에는 야외석을 개방하지 않으니 참고하자.

미리보기 어떤 대화를 하는지 먼저 살펴볼까요?

 원어민의 음성을
들어보세요.

Thailand_10.mp3

1

A : ช่วย ถ่ายรูป ให้หน่อย ค่ะ
　　추~아이　타~이룹~　하이너~이　카

B : แน่นอน ครับ
　　내~넌~　크랍

2

A : เขา ถ่ายรูป เก่ง จังเลย
　　카오　타~이룹~　껭~　짱르ㅓ~이

B : เรา ดู ดี จังเลย
　　라오　두~　디~　짱르ㅓ~이

3

A : ฉัน คิดว่า เขา เป็น ช่างภาพ
　　찬　킷와~　카오　뻰　창~팝~

B : เขา ต้อง เป็น มืออาชีพ แน่เลย
　　카오　떵~　뻰　므~아~칩~　내~르ㅓ~이

⭐ WORD

ถ่ายรูป 사진을 찍다	**แน่นอน** 당연히, 물론	**เรา** 우리
타~이룹~	내~넌~	라오
ดู 보다, ~보인다	**ดี** 좋다	**มืออาชีพ** 전문, 프로
두~	디~	므~아~칩~

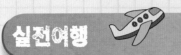

» ช่วย...ให้หน่อย는 '∼좀 해주시겠어요?,
추–아이   하이너–이

∼좀 도와주시겠어요?'라는 의미로 부탁을

할 때 쓰는 공손한 표현이다.

» จังเลย는 '매우, 굉장히, 엄청'을 의미하며
짱르ㅓ–이

단어나 문장 뒤에 위치하여 그 뜻을

강조하는 역할을 한다. 보통 긍정적인

말과 함께 쓰이며 남성보다는 여성이

자주 사용한다.

» 기술자를 뜻하는 ช่าง 뒤에 전문기술이
창–

함께 위치하면 '∼ 하는 사람', 즉 직업을

나타낼 수 있다.

ex 사진사   ช่าง ภาพ
창–   팝–

» ต้อง '∼해야만 한다'를 표현할 때는 문장
떵–

끝에 แน่เลย를 함께 위치한다.
내–르ㅓ–이

STEP 1. 성조 보고 태국어로 말해보기

1

A : 추–아이 타–이릅– 하이너–이 카

B : 내–넌– 크랍

2

A : 카오 타–이릅– 껭– 짱르ㅓ–이

B : 라오 두– 디– 짱르ㅓ–이

3

A : 찬 킷와– 카오 뺀 창–팝–

B : 카오 떵– 뺀 므–아–칩–
내–르ㅓ–이

1

A : ช่วย ถ่ายรูป ให้หน่อย ค่ะ

B : แน่นอน ครับ

1

A : 사진 좀 찍어주실 수 있나요?

B : 당연하죠.

2

A : เขา ถ่ายรูป เก่ง จังเลย

B : เรา ดู ดี จังเลย

2

A : 사진을 너무 잘 찍어주셨어!

B : 우리 너무 좋아 보인다.

3

A : ฉัน คิดว่า เขา เป็น ช่างภาพ

B : เขา ต้อง เป็น มืออาชีพ แน่เลย

3

A : 내 생각에는 사진기사인 것 같아.

B : 그는 정말 전문가여야 해.

73

คิดว่า
킷와-

~라고 생각한다

- **คุณ คิดว่า นาฬิกา นี้ เป็นอย่างไร**
  쿤 킷와- 나-리까- 니- 뻰양-라이

  네가 생각하기에는 이 시계 어떤 거 같아?

- **คุณ คิดว่า มือถือ นี้ เป็นอย่างไร**
  쿤 킷와- 므-트- 니- 뻰양-라이

  네가 생각하기에는 이 핸드폰 어떤 거 같아?

- **ฉัน คิดว่า การสอบ จะ ยาก**
  찬 킷와- 깐-썹- 짜 약-

  내 생각에는 시험이 어려울 것 같아.

- **ฉัน คิดว่า การสอบ จะ ไม่ ยาก**
  찬 킷와- 깐-썹- 짜 마이 약-

  내 생각에는 시험이 어렵지 않을 것 같아.

- **เรา คิดว่า เขา น่ารัก จังเลย**
  라오 킷와- 카오 나-락 짱르ㅓ-이

  우리 생각에는 그/그녀가 너무 귀여운 것 같아.

Point 1 คิด은 '생각하다'라는 뜻으로 ว่า와 결합되어 '~라고 생각한다'라는 의미가 된다.
킷   와-

Point 2 ว่า는 동사 뒤에 위치하여 뒤에 주어+동사를 이어주는 연결어의 역할을 한다.
와-

STEP 2. 제시된 단어를 활용하여 직접 써보기

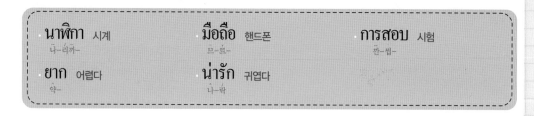

- **นาฬิกา** 시계   **มือถือ** 핸드폰   **การสอบ** 시험
  나-리까-   므-트-   깐-썹-

- **ยาก** 어렵다   **น่ารัก** 귀엽다
  약-   나-락

- 네가 생각하기에는 이 시계 어떤 거 같아?

  คุณ คิดว่า นาฬิกา นี้ เป็นอย่างไร

- 네가 생각하기에는 이 핸드폰 어떤 거 같아?

  คุณ คิดว่า มือถือ นี้ เป็นอย่างไร

- 내 생각에는 시험이 어려울 것 같아.

  ฉัน คิดว่า การสอบ จะ ยาก

- 내 생각에는 시험이 어렵지 않을 것 같아.

  ฉัน คิดว่า การสอบ จะ ไม่ ยาก

- 우리 생각에는 그/그녀가 너무 귀여운 것 같아.

  เรา คิดว่า เขา น่ารัก จังเลย

핫플레이스 태국 여행

방콕 DAY3

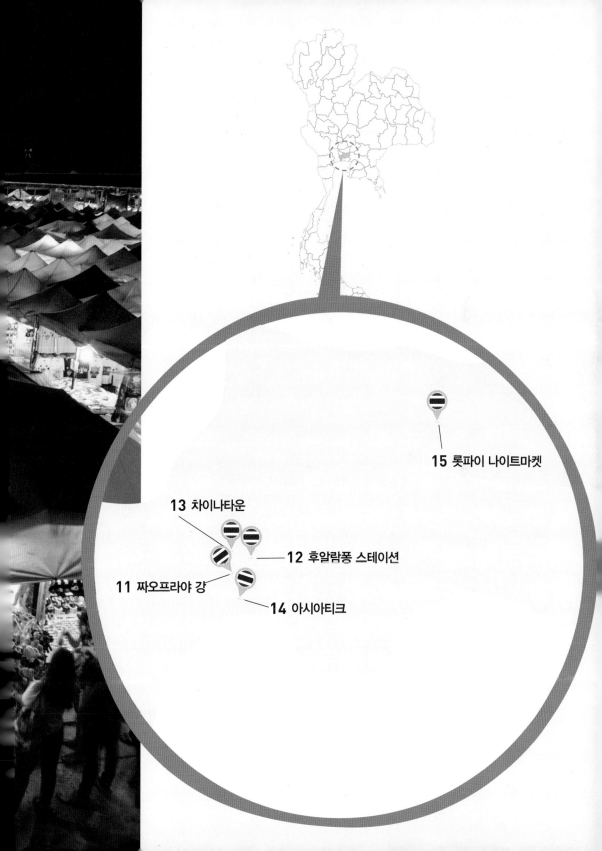

15 롯파이 나이트마켓

13 차이나타운

12 후알람퐁 스테이션

11 짜오프라야 강

14 아시아티크

11 짜오프라야 강 (แม่น้ำเจ้าพระยา)

➡️ 오늘 배울 표현은 ~ 상관없다

짜오프라야 강은 태국에서 가장 긴 강으로 매남(어머니의 강) 혹은 왕의 강이라고도 불린다. 태국 북쪽에서 시작된 물줄기를 따라 세계적인 곡창지대가 발달하였고 방콕의 젖줄과도 같은 곳이다. 강에는 다양한 종류의 보트를 운항하고 있는데 익스프레스 보트에 오르면 물 위에 지어진 수상 가옥과 바람에 말라가는 진정한 태국인들의 삶을 가까이서 볼 수 있다. 낮에는 교통체증을 피하기 위한 수상 보트가 활발히 운영되고 해 질 녘엔 새벽 사원이라 불리는 왓아룬을 보기 위해 관광객들이 크루즈에 오른다. 저녁을 포함한 디너크루즈와 럭셔리한 선상 호텔 등 다양한 수상 관광패키지가 운영되고 있으니 원하는 것을 선택하여 탑승해보자.

미리보기

어떤 대화를 하는지 먼저 살펴볼까요?

1

A : เรา ไปเที่ยว ที่ไหน ก็ได้
라오　빠이티-야우　티-나이　꺼-다이

B : ไป นั่ง เรือ ไหม
빠이　낭　르-아　마이

2

A : ตอนนี้ เหรอ
떤-니-　러-

ถึง เวลา กิน ข้าวเย็น แล้ว
틍　웰라-　낀　카-우옌　래-우

B : ไม่เป็นไร เรา จะ กิน
마이뻰라이　라오　짜　낀

ข้าวเย็น ใน เรือ
카-우옌　나이　르-아

3

A : จริง เหรอ วันนี้ เป็น วัน
찡　러-　완니-　뻰　완

ของ ฉัน เหรอ
컹-　찬　러-

B : มัน จะ เป็น ช่วง เวลา ดีๆ
만　짜　뻰　추-앙　웰라-　디-디-

⭐ WORD

เรือ 보트, 배 르-아	**ตอนนี้** 지금 떤-니-	**ถึง** 도착하다, 도달하다 틍
ข้าวเย็น 저녁식사 카-우옌	**ใน** ~안에(시간, 공간) 나이	**วัน** 날, 일 완

실전여행

대화한 내용을 떠올리며
원어민의 음성을 듣고 태국어로 말해보세요.

tip

» **เวลา**의 다양한 의미
웰-라-

- 시간 **ex** 나는 시간이 없다

  ฉัน ไม่ มี เวลา
  찬 마이 미- 웰-라-

- ~할 때 **ex** 저녁을 먹을 때

  เวลา กิน ข้าวเย็น
  웰-라- 낀 카-우옌

» **ช่วง เวลา**는 시간, 기간, 시기를 뜻하는
추-앙 웰-라-

단어로 어떤 것을 행하는데 걸리는 시간을

말한다.

» **มัน**은 '그것'이란 뜻으로 불특정의 사람이나,
만

사물 혹은 상황, 사실을 말할 때 쓴다.

눈에 보이지 않는 것에 대해 말할 때는

굳이 해석하지 않아도 된다.

ex 그건 어려워 **มัน ยาก**
만 약-

좋은 날이 될 거야 **มัน จะ เป็น วัน ดี**
만 짜 뻰 완 디-

» **ของ**은 '~의'라는 뜻이다.
컹-

ex 나의 보트 **เรือ ของ ฉัน**
르-아 컹- 찬

80

STEP 1. 성조 보고 태국어로 말해보기

1

A : 라오 빠이티-야우 티-나이 꺼-다-이

B : 빠이 낭 르-아 마이

2

A : 뻔-니- 르ㅓ-
   틍 웰-라- 낀 카-우옌 래-우

B : 마이뻰라이 라오 짜 낀
   카-우옌 나이 르-아

3

A : 찡 르ㅓ-
   완니- 뻰 완 컹- 찬 르ㅓ-

B : 만 짜 뻰 추-앙 웰-라- 디-디-

1

A : เรา ไปเที่ยว ที่ไหน ก็ได้

B : ไป นั่ง เรือ ไหม

2

A : ตอนนี้ เหรอ
ถึง เวลา กิน ข้าวเย็น แล้ว

B : ไม่เป็นไร เรา จะ กิน
ข้าวเย็น ใน เรือ

3

A : จริง เหรอ
วันนี้ เป็น วัน ของ ฉัน
เหรอ

B : มัน จะ เป็น ช่วง เวลา ดีๆ

1

A : 우리가 어디로 놀러가든지 다 좋아
(상관없어).

B : 배 타러 갈래?

2

A : 지금 말이야?
이미 저녁 먹을 때가 됐잖아.

B : 괜찮아.
우리 배 안에서 저녁 먹을 거야.

3

A : 정말?
오늘 나의 날인 거야?

B : 좋은 시간이 될 거야.

ก็ได้
꺼–다–이

~ 상관없다

STEP 1. 성조 보고 말해보기

· **เมื่อไหร่ ก็ได้**
므–아라이 꺼–다–이

언제든지 상관없다(좋다).

· **ใคร ก็ได้**
크라이 꺼–다–이

누구든지 상관없다(좋다).

· **ดื่ม อะไร ก็ได้**
듬– 아라이 꺼–다–이

무엇을 마시든 상관없다(좋다).

· **พักผ่อน ที่ไหน ก็ได้**
팍펀– 티–나이 꺼–다–이

어디서 쉬든지 상관없다(좋다).

· **ทำ ก็ได้ ไม่ ทำ ก็ได้**
탐 꺼–다–이 마이 탐 꺼–다–이

해도 되고 안 해도 상관없다(좋다).

Point 1 ก็ได้는 자신의 의견이나 생각을 상대에게 강하게 전달하지 않는 태국 사람들의 성향을 잘 나타내는
꺼-다-이
단어이다.

Point 2 '~ 해도 상관없다 , ~해도 좋다'등 다양한 표현으로 해석되며 문장 끝에 위치한다.

STEP 2. 제시된 단어를 활용하여 직접 써보기

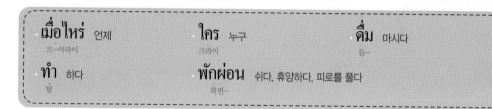

เมื่อไหร่ 언제	**ใคร** 누구	**ดื่ม** 마시다
므-아라이	크라이	듬-
ทำ 하다	**พักผ่อน** 쉬다, 휴양하다, 피로를 풀다	
탐	팍펀-	

• 언제든지 상관없다(좋다).

เมื่อไหร่ ก็ได้

• 누구든지 상관없다(좋다).

ใคร ก็ได้

• 무엇을 마시든 상관없다(좋다).

ดื่ม อะไร ก็ได้

• 어디서 쉬든지 상관없다(좋다).

พักผ่อน ที่ไหน ก็ได้

• 해도 되고 안 해도 상관없다(좋다).

ทำ ก็ได้ ไม่ ทำ ก็ได้

▶ 오늘 배울 표현은 **몇 시야?**

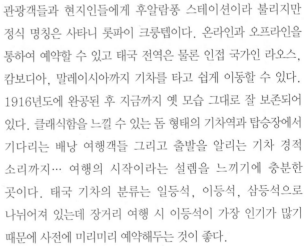

관광객들과 현지인들에게 후알람퐁 스테이션이라 불리지만 정식 명칭은 사타니 룻파이 크룽텝이다. 온라인과 오프라인을 통하여 예약할 수 있고 태국 전역은 물론 인접 국가인 라오스, 캄보디아, 말레이시아까지 기차를 타고 쉽게 이동할 수 있다. 1916년도에 완공된 후 지금까지 옛 모습 그대로 잘 보존되어 있다. 클래식함을 느낄 수 있는 돔 형태의 기차역과 탑승장에서 기다리는 배낭 여행객들 그리고 출발을 알리는 기차 경적 소리까지… 여행의 시작이라는 설렘을 느끼기에 충분한 곳이다. 태국 기차의 분류는 일등석, 이등석, 삼등석으로 나뉘어져 있는데 장거리 여행 시 이등석이 가장 인기가 많기 때문에 사전에 미리미리 예약해두는 것이 좋다.

어떤 대화를 하는지 먼저 살펴볼까요?

 원어민의 음성을
들어보세요.

Thailand_12.mp3

1

A : คุณ ต้องการ อะไร ครับ
쿤　떵깐　아라이　크랍

B : อยาก จอง ตั๋ว ไป เชียงใหม่ ค่ะ
약　쩡　뚜아　빠이　치양마이　카

2

A : ต้องการ ไป เมื่อไหร่ ครับ
떵깐　빠이　므아라이　크랍

B : คืนนี้ ค่ะ รถไฟ เที่ยว สุดท้าย มา
큰니　카　롯파이　티아우　쑷타이　마

กี่โมง คะ
끼몽　카

3

A : ขอโทษ นะ ครับ
커톳　나　크랍

คืนนี้ หมด แล้ว ครับ
큰니　못　래우　크랍

B : ไม่ มี ชั้น หนึ่ง ด้วย เหรอ คะ
마이　미　찬　능　두아이　러어　카

⭐ WORD

จอง 예약하다 쩡	คืนนี้ 오늘 밤 큰니	รถไฟ 기차 롯파이
สุดท้าย 마지막 쑷타이	มา 오다 마	ชั้น 층, 등급 찬

실전여행

대화한 내용을 떠올리며
원어민의 음성을 듣고 태국어로 말해보세요.

tip OO

» ต้องการ은 '~(명사)원하다, 필요하다'를
  떵-깐-

뜻한다. 주로 뒤에 명사가 위치하지만

비슷한 뜻의 อยาก '~하고 싶다, 바라다'
           약-

보다 정중한 표현으로 동사가 위치할 수도

있다.

ex 1등석을 원한다 ต้องการ ชั้น หนึ่ง
                  떵-깐- 찬 능

» เที่ยว의 다양한 의미
  티-야우

• 여행 가다, 돌아다니다

  ex 여행 가다, 놀러 가다 ไป เที่ยว
                       빠이 티-야우

  여행 오다, 놀러 오다 มา เที่ยว
                    마- 티-야우

• 코스가 이미 정해진 교통편을 뜻함

  ex 마지막으로 떠나는 기차

  รถไฟ เที่ยว สุดท้าย
  롯파이 티-야우 쑷타-이

» นะ는 구어체에서 문장 끝에 붙여 애원,
   나

동의, 권유를 표현하거나 문장을 부드럽게

만들기 위해서 쓰인다.

STEP 1. 성조 보고 태국어로 말해보기

1

A : 쿤 떵-깐- 아라이 크랍

B : 약- 찡- 뚜-아 빠이 치 -양마이 카

2

A : 떵-깐- 빠이 므-아라이 크랍

B : 큰-니- 카
    롯파이 티-야우 쑷타-이 마- 끼-몽- 카

3

A : 커-톳- 나 크랍
    큰-니- 못 래-우 크랍

B : 마이 미- 찬 능 두-아이 르ᅥ- 카

86

1

A : คุณ ต้องการ อะไร ครับ

B : อยาก จอง ตั๋ว ไป
เชียงใหม่ ค่ะ

2

A : ต้องการ ไป เมื่อไหร่ ครับ

B : คืนนี้ ค่ะ
รถไฟ เที่ยว สุดท้าย มา
กี่โมง คะ

3

A : ขอโทษ นะ ครับ
คืนนี้ หมด แล้ว ครับ

B : ไม่ มี ชั้น หนึ่ง ด้วย
เหรอ คะ

1

A : 무엇을 원하세요?
(무엇을 도와드릴까요?)

B : 치앙마이로 가는 표를 예약하고 싶어요.

2

A : 언제 가기를 원하시나요?

B : 오늘 밤이요.

마지막으로 떠나는 기차는 몇 시에
오나요?

3

A : 어떡하죠?

오늘 밤은 이미 다 매진 됐어요.

B : 일등석도 없는 건가요?

กี่โมง   몇 시야?

끼-몽-

STEP 1. 성조 보고 말해보기

- **ตอนนี้ กี่โมง แล้ว ครับ**

  떤-니-   끼-몽-   래-우   크랍

  지금 몇 시예요(몇 시가 됐어요)?

- **จะ มา กี่ คน ครับ**

  짜   마-   끼-   콘   크랍

  몇 명이 올 거예요?

- **ทำอาหาร กี่ ชั่วโมง ครับ**

  탐아-한-   끼-   추-아몽-   크랍

  요리하는 데 몇 시간 걸려요?

- **เอา กี่ กิโล ครับ**

  아오   끼-   끼로-   크랍

  몇 킬로 원해요?

- **ต้อง ทำ กี่ ครั้ง ครับ**

  떵-   탐   끼-   크랑   크랍

  몇 번이나 해야만 해요?

STEP 2. 제시된 단어를 활용하여 직접 써보기

คน 사람
콘

ทำอาหาร 요리하다
탐아-한-

ชั่วโมง 시간
추-아몽-

กิโล 키로
끼로-

ครั้ง 번, 회수
크랑

• 지금 몇 시예요(몇 시가 됐어요)?

ตอนนี้ กี่โมง แล้ว ครับ

• 몇 명이 올 거예요?

จะ มา กี่ คน ครับ

• 요리하는 데 몇 시간 걸려요?

ทำอาหาร กี่ ชั่วโมง ครับ

• 몇 킬로 원해요?

เอา กี่ กิโล ครับ

• 몇 번이나 해야만 해요?

ต้อง ทำ กี่ ครั้ง ครับ

89

차이나타운 (ถนนเยาวราช)

오늘 배울 표현은 ~ 모른다

후알람퐁 역에서 도보 5분 거리에 있는 방콕 차이나타운은 방콕의 또 다른 모습을 가진 곳이다. 붉은색으로 뒤 덮인 간판과 시끌벅적한 사람들 그리고 코를 자극하는 중국 음식까지 차이나타운만의 독특한 분위기를 물씬 느낄 수 있다. 해가 지면 하나둘씩 나타나는 포장마차들은 해산물 요리를 시작으로 푸드 스트리트를 형성하는데 착한 가격으로 중국 음식과 태국 음식을 모두 맛볼 수 있다. 유명한 맛집이 많아서 한 곳에서 먹기보다는 여러 군데 옮겨 다니며 미식투어 하는 것을 추천 한다. 또한 차이나타운 근처에는 작은 규모의 인도식 사원과 인도 음식, 향신료 등을 판매하는 리틀 인디아 골목이 있어 구경하는 재미가 쏠쏠하다.

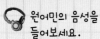

어떤 대화를 하는지 먼저 살펴볼까요?

원어민의 음성을
들어보세요.

Thailand_13.mp3

1
A : รับ อะไร ดี ครับ นี่ เมนู ครับ
    랍   아라이 디- 크랍 니- 메-누- 크랍

B : ไม่รู้ว่า ต้อง ทาน อะไร ดี ค่ะ
   마이루우-와- 떵- 탄-   아라이 디- 카

2
A : ผม แนะนำ ให้ คุณ ครับ
   폼   내남   하이 쿤 크랍

    ชอบ อาหารไทย ไหม ครับ
    첩-   아-한-타이   마이 크랍

B : ฉัน ทาน ทุกอย่าง ได้ ค่ะ
   찬   탄-   툭양- 다-이 카

3
A : อาหาร เป็นอย่างไร ครับ
   아-한-   뻰양-라이   크랍

B : อร่อย มาก ค่ะ ฉัน อิ่ม แล้ว ค่ะ
   아러-이 막- 카 찬 임 래-우 카

⭐ WORD

เมนู 메뉴	แนะนำ 소개하다	อาหารไทย 태국 음식
메-누-	내남	아-한-타이
ทุกอย่าง 각종, 모든 것	อร่อย 맛있다	อิ่ม 배부르다
툭양-	아러-이	임

실전여행

대화한 내용을 떠올리며
원어민의 음성을 듣고 태국어로 말해보세요.

» ทาน은 '드시다'라는 뜻이다.
  탄-

웃어른께 묻거나 혹은 자신이 대답을

할 때도 사용한다.

ex 이미 먹었어 (친구사이) **กิน แล้ว**
                                  낀 래-우

이미 먹었어요 (웃어른께)

ทาน แล้ว ค่ะ/ครับ
  탄-   래-우 카 크랍

» ให้의 다양한 용법
  하이

• 주다

  ex 메뉴를 주다 **ให้ เมนู**
                    하이 메-누-

• ~을 위해서

  ex 그는 나를 위해서 예약을 한다

  เขา จอง ให้ ฉัน
    카오 쩡- 하이 찬

» ชอบ은 '좋아하다'를 뜻한다.
  첩-

  ex 나는 너를 좋아해 **ฉัน ชอบ คุณ**
                        찬   첩- 쿤

STEP 1. 성조 보고 태국어로 말해보기

1

A : 랍 아라이 디- 크랍
    니- 메-누- 크랍

B : 마이루-와- 떵- 탄- 아라이 디- 카

2

A : 폼 내남 하이 쿤 크랍
    첩- 아-한-타이 마이 크랍

B : 찬 탄- 툭양- 다-이 카

3

A : 아-한- 쁜양-라이 크랍

B : 아러-이 막- 카
    찬 임 래-우 카

92

1

A : รับ อะไร ดี ครับ
นี่ เมนู ครับ
B : ไม่รู้ว่า ต้อง ทาน อะไร ดี
ค่ะ

1

A : 무엇을 드릴까요?
여기 메뉴 있어요.

B : 무엇을 먹어야 좋을지 모르겠어요.

2

A : ผม แนะนำ ให้ คุณ ครับ
ชอบ อาหารไทย ไหม ครับ
B : ฉัน ทาน ทุกอย่าง ได้ ค่ะ

2

A : 제가 당신을 위해서 추천해드릴게요.
태국 음식 좋아하세요?

B : 네. 저는 다 먹을 수 있어요.

3

A : อาหาร เป็นอย่างไร ครับ
B : อร่อย มาก ค่ะ
ฉัน อิ่ม แล้ว ค่ะ

3

A : 음식 어떤가요?

B : 너무 맛있어요.
배불러요.

ไม่รู้ว่า ~ 모른다
마이루—와—

STEP 1. 성조 보고 말해보기

• **ฉัน ไม่รู้ว่า ผลไม้ สด หรือเปล่า**
  찬   마이루—와— 폰라마—이 쏫 르—빨라오

나는 과일이 싱싱한지 아닌지 모르겠다.

• **ฉัน ไม่รู้ว่า เนื้อ อร่อย หรือเปล่า**
  찬   마이루—와— 느—아 아러—이   르—빨라오

나는 고기가 맛있는지 아닌지 모르겠다.

• **ฉัน ไม่รู้ว่า ครู ชอบ อาหารไทย**
  찬   마이루—와— 크루 첩— 아—한—타이

나는 선생님이 태국 음식을 좋아하는지 모른다.

• **ฉัน รู้ว่า เขา มีความสุข**
  찬 루—와— 카오   미—쾀—쑥

나는 그가 행복한 것을 안다.

• **ครู รู้ว่า อาหารไทย อร่อย**
  크루 루—와— 아—한—타이 아러—이

선생님은 태국 음식이 맛있다는 것을 안다.

Point 1 ไม่ '부정형'과 รู้ '알다'가 결합되어 '모른다' 의미가 된다.
　　　　　마이　　　　　루-

Point 2 ว่า는 동사 뒤에 위치하여 주어+동사를 이어주는 연결어의 역할을 한다.
　　　　　와-

STEP 2. 제시된 단어를 활용하여 직접 써보기

ผลไม้ 과일　　　　**สด** 신선하다, 싱싱하다　　　**เนื้อ** 고기, 소고기
폰라마-이　　　　　　　　쏫　　　　　　　　　　　　　느-아

ครู 선생님　　　　**มีความสุข** 행복하다
크루-　　　　　　　미-쾀-쑥

• 나는 과일이 싱싱한지 아닌지 모르겠다.

ฉัน ไม่รู้ว่า ผลไม้ สด หรือเปล่า

• 나는 고기가 맛있는지 아닌지 모르겠다.

ฉัน ไม่รู้ว่า เนื้อ อร่อย หรือเปล่า

• 나는 선생님이 태국 음식을 좋아하는지 모른다.

ฉัน ไม่รู้ว่า ครู ชอบ อาหารไทย

• 나는 그가 행복한 것을 안다.

ฉัน รู้ว่า เขา มีความสุข

• 선생님은 태국 음식이 맛있다는 것을 안다.

ครู รู้ว่า อาหารไทย อร่อย

방콕의 많은 야시장 중 가장 깨끗하고 현대적인 느낌을 주는 곳이 있다면 바로 아시아티크가 될 것이다. 1,600개의 상점과 40여 개의 레스토랑 그리고 관람차까지 있어 야시장보다는 아울렛 느낌이 강하다. 야경이 아름다운 짜오프라야 강 변에 위치하여 다른 야시장보다는 가격이 높은 편이며 먹거리, 볼거리, 즐길 거리가 가득하여 발길이 닿는 대로 걷기만 해도 충분하다. 사판탁신역에는 아시아티크로 가는 무료 셔틀 보트가 있으니 교통체증을 피해 전철과 보트를 타고 이동하는 것이 좋다. 강가에 있는 많은 호텔에서도 셔틀 보트를 운행하니 확인해보자.

미리보기

어떤 대화를 하는지 먼저 살펴볼까요?

원어민의 음성을
들어보세요.

Thailand_14.mp3

1

A : รถติด มาก เรา อยู่ ที่นี่ 2 ชั่วโมง
　　롯띳　　　막　라오　유－　티－니－　씽－　추－아몽－

B : กรุงเทพฯ เป็น อย่างนี้ ตลอดเวลา
　　끄룽텝－　　뺀　양－니－　딸럿－웰－라－

2

A : มัน น่าเบื่อ จริงๆ
　　만　나－브－아　　찡찡

B : คุณ เคย ขึ้น BTS หรือเปล่า
　　쿤　크ㅓ－이　큰　BTS　르－쁠라오

3

A : ไม่เคย ตอนนี้ ไป ขึ้น ไหม
　　마이크ㅓ－이　떤－니－　　빠이　큰　마이

B : มัน เป็น ความคิด ดี
　　만　뺀　쾀－킷　디－

ที่จอดรถ อยู่ แถว นี้
티－쩟－롯　유－　태－우　니－

⭐ WORD

รถติด 교통체증 롯띳	**อย่างนี้** 이처럼 양－니－	**น่าเบื่อ** 지루하다, 지긋지긋하다 나－브－아
ความคิด 생각 쾀－킷	**ที่จอดรถ** 주차장 티－쩟－롯	**แถว** 주변 태－우

실전여행

대화한 내용을 떠올리며
원어민의 음성을 듣고 태국어로 말해보세요.

tip

» ตลอดเวลา는 '항상, 줄곧, 내내'라는 뜻이다.
딸럿-웰-라-

ⓔⓧ 항상 차가 막히다 รถติด ตลอดเวลา
롯띳   딸럿-웰-라-

» BTS는 스카이트레인이라 불리는 방콕의
지상철로 2개의 노선으로 운영되고 있다.
교통체증이 심한 방콕에서 제일 빠르고
편리하게 이용할 수 있는 교통수단이다.

» 방콕은 기네스북에 오를 정도로 세계에서
가장 긴 이름을 가진 도시이다.
전체 이름을 부르기까지 대략 15초 정도가
걸리기에 마지막에 ๆ부호를 붙여 กรุงเทพฯ
끄룽텝-
이라 줄여 말한다.

STEP 1. 성조 보고 태국어로 말해보기

1

A : 롯띳 막-
라오 유- 티-니- 썽- 추-아몽-

B : 끄룽텝- 삔 양-니- 딸럿-웰-라-

2

A : 만 나-브-아 찡찡

B : 쿤 크ㅓ-이 큰 BTS 르-빨라오

3

A : 마이크ㅓ-이
떤-니- 빠이 큰 마이

B : 만 삔 콤-킷 디-
티-쩻-롯 유- 태-우 니-

98

1

A : รถติด มาก

เรา อยู่ ที่นี่ 2 ชั่วโมง

B : กรุงเทพฯ เป็น อย่างนี้

ตลอดเวลา

2

A : มัน น่าเบื่อ จริงๆ

B : คุณ เคย ขึ้น BTS

หรือเปล่า

3

A : ไม่เคย

ตอนนี้ ไป ขึ้น ไหม

B : มัน เป็น ความคิด ดี

ที่จอดรถ อยู่ แถว นี้

1

A : 차 너무 막힌다.

우리 여기에 두 시간 동안 있었어.

B : 방콕은 항상 이래.

2

A : 진짜 지루하다.

B : BTS 타본 적 있어(없어)?

3

A : 한 번도 없어.

지금 타러 갈래?

B : 좋은 생각이야.

주차장이 이 근처에 있을 거야.

เคย   ~한 적이 있다

크ㅓ-이

- พ่อ เคย อยู่ กรุงเทพฯ

  퍼-   크ㅓ-이   유-   끄룽텝-

  아빠는 방콕에서 살아 본 적이 있다.

- พ่อ เคย ขึ้น เครื่องบิน

  퍼-   크ㅓ-이   큰   크르-엉빈

  아빠는 비행기를 타본 적이 있다.

- เรา ไม่ เคย ขึ้น เครื่องบิน

  라오   마이   크ㅓ-이   큰   크르-엉빈

  우리는 비행기를 타본 적이 없다.

- เรา ไม่ เคย เลี้ยง หมา

  라오   마이   크ㅓ-이   리-양   마-

  우리는 강아지를 키워 본 적이 없다.

- เรา ไม่ เคย ไป โรงเรียน สาย

  라오   마이   크ㅓ-이   빠이   롱-리-얀   싸-이

  우리는 학교에 늦어 본 적이 없다.

Point 1 **เคย**는 경험 유무를 말하는 것으로 '~을 한 적이 있다, ~을 하곤 했다'를 의미한다.
크ㅓ-이

Point 2 말하는 속도 혹은 사람에 따라 크이, 크어라 들린다.

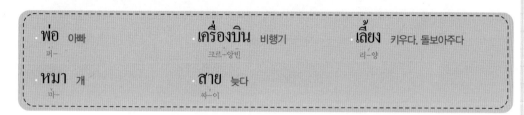

STEP 2. 제시된 단어를 활용하여 직접 써보기

พ่อ 아빠
퍼-

เครื่องบิน 비행기
크르-엉빈

เลี้ยง 키우다, 돌보아주다
리-양

หมา 개
마-

สาย 늦다
싸-이

• 아빠는 방콕에서 살아 본 적이 있다.

พ่อ เคย อยู่ กรุงเทพฯ

• 아빠는 비행기를 타본 적이 있다.

พ่อ เคย ขึ้น เครื่องบิน

• 우리는 비행기를 타본 적이 없다.

เรา ไม่เคย ขึ้น เครื่องบิน

• 우리는 강아지를 키워 본 적이 없다.

เรา ไม่เคย เลี้ยง หมา

• 우리는 학교에 늦어 본 적이 없다.

เรา ไม่เคย ไป โรงเรียน สาย

15 롯파이 나이트마켓 (ตลาดนัดรถไฟรัชดา)
➡ 오늘 배울 표현은 ~할만하다

딸랏롯파이의 '딸랏'은 시장, '롯파이'는 기차라는 뜻으로 과거에는 기차가 지나다녔던 곳이지만 현재는 운영하지 않아 남는 공터를 이용하여 생긴 시장이다. 그 인기가 나날이 높아져 제2의 롯파이 야시장이 생겼을 정도로 항상 사람들로 북적인다. 알록달록한 천막 아래에는 골동품 매장과 음식점으로 나뉘어 있는데 라이브 음악을 즐겨 듣는 태국답게 이곳저곳에서 노랫소리가 들린다. 북적이는 야시장, 빈티지한 이발소 등 젊은이들이 이곳에 몰리는 이유를 찾는 재미가 있다. 더위를 식혀줄 땡모반(수박쥬스)을 마시며 천천히 구경해보자!

어떤 대화를 하는지 먼저 살펴볼까요?

원어민의 음성을 들어보세요.

Thailand_15.mp3

1 A : ผม คิด ว่า ตลาด นี้ ไม่ มี นักท่องเที่ยว
폼 킷 와- 딸랏- 니- 마이 미- 낙텅-티-야우

เลย ครับ
러-이 크랍

B : ฉัน ก็ คิด แบบนั้น ค่ะ
찬 꺼- 킷 뱁-난 카

2 A : ดู สิ ครับ แถว ยาว จังเลย ครับ
두- 씨 크랍 태-우 야-우 짱르-이 크랍

B : แตงโม ปั่น ค่ะ
땡-모- 빤 카

น่า กิน และ ดู สด จัง ค่ะ
나- 낀 래 두- 쏫 짱 카

3 A : ลอง ไหม ครับ
렁- 마이 크랍

B : ลอง กัน ค่ะ
렁- 깐 카

⭐ WORD

•ตลาด 시장 딸랏-	•แบบนั้น 그처럼, 그렇게 뱁-난	•แถว 줄, 열 태-우
•ยาว 길다 야-우	•แตงโม 수박 땡-모-	•ลอง 시도하다, 시험하다 렁-

실전여행

대화한 내용을 떠올리며
원어민의 음성을 듣고 태국어로 말해보세요.

» สิ는 문장 끝에 위치하여 강조나 명령을
　씨
할 때 사용한다.

ex 생각하다　　　คิด
　　　　　　　　킷

생각해봐!　　คิด สิ
　　　　　　킷 씨

» นัก은 뒤에 오는 명사를 전문으로 하는
　나
사람을 나타낸다.

ex 여행 사람 = 관광객 นัก ท่องเที่ยว
　　　　　　　　　　나　텅-티-야우

» 갈아 만든 생과일 주스를 ปั่น이라 하는데
　　　　　　　　　　　　　빤
앞에 믹스하고자 하는 과일이나 야채를
붙여 주문하면 된다.

ex 수박 주스　　แตงโม ปั่น
　　　　　　　　땡-모-　빤

1

A : 폼 킷 와-
　딸랏- 니- 마이 미- 낙텅-티-야우
　르ㅓ-이 크랍

B : 찬 꺼- 킷 뱁-난 카

2

A : 두- 씨 크랍
　태-우 야-우 짱르ㅓ-이 크랍

B : 땡-모- 빤 카
　나- 낀 래 두- 쏫 짱 카

3

A : 렁- 마이 크랍

B : 렁- 깐 카

1

A : ผม คิด ว่า
ตลาด นี้ ไม่ มี
นักท่องเที่ยว เลย ครับ

B : ฉัน ก็ คิด แบบนั้น ค่ะ

1

A : 제가 생각하기에 이 시장에는 관광객이 전혀 없는 것 같아요.

B : 저도 그렇게 생각해요.

2

A : ดู สิ ครับ
แถว ยาว จังเลย ครับ

B : แตงโม ปั่น ค่ะ
น่า กิน และ ดู สด จัง ค่ะ

2

A : 봐요!
줄이 엄청 길어요.

B : 수박 주스네요.
정말 먹음직스럽고 신선해보여요.

3

A : ลอง ไหม ครับ

B : ลอง กัน ค่ะ

3

A : 시도해볼래요(마셔볼래요)?

B : 같이 마셔요.

105

น่า~
나-

~할만하다

STEP 1. 성조 보고 말해보기

- **เรื่อง นี้ น่า ฟัง**
  르-앙 니- 나- 팡

  이 이야기는 들을만하다.

- **เรื่อง นี้ น่า อ่าน**
  르-앙 니- 나- 안-

  이 이야기는 읽을만하다.

- **ตลาด นั้น น่า เยี่ยมชม ไหม**
  딸랏- 난 나- 이-얌촘 마이

  그 시장은 구경할만해?

- **หมู่บ้าน นั้น ไม่ น่า เยี่ยมชม**
  무-반- 난 마이 나- 이-얌촘

  그 마을은 구경할만하지 않다.

- **ตลาด นั้น ไม่ มี อะไร น่า เยี่ยมชม**
  딸랏- 난 마이 미- 아라이 나- 이-얌촘

  그 시장은 구경할만한 게 없다.

Point 1 **น่า**는 '~함직한, ~할 만하다'라는 뜻으로 먹음직한, 마실만한, 볼만한, 들을만한 등과 같이 어떤 가치가
          나
          있음을 표현하고자 할 때 동사 앞에 붙여 사용한다.

Point 2 **น่า กิน จัง** '정말 맛있어보인다'는 구어체에서 자주 쓰이는 표현이다.
          나 낀 짱

STEP 2. 제시된 단어를 활용하여 직접 써보기

- **เรื่อง** 이야기   **ฟัง** 듣다   **อ่าน** 읽다
  로-앙   팡   안-

- **หมู่บ้าน** 마을   **เยี่ยมชม** 구경하다. 유람하다
  무-반-   이-얌촘

• 이 이야기는 들을만하다.

เรื่อง นี้ น่า ฟัง

• 이 이야기는 읽을만하다.

เรื่อง นี้ น่า อ่าน

• 그 시장은 구경할만해?

ตลาด นั้น น่า เยี่ยมชม ไหม

• 그 마을은 구경할만하지 않다.

หมู่บ้าน นั้น ไม่ น่า เยี่ยมชม

• 그 시장은 구경할만한 게 없다.

ตลาด นั้น ไม่ มี อะไร น่า เยี่ยมชม

태국만의 특이한 교통수단!

툭툭

툭툭은 삼륜 택시를 태국에서 부르는 명칭으로 태국의 대표적인 상징물이기도 하다. 오늘날의 툭툭은 현지인들이 거의 이용하지 않으며 주로 관광객들이 이용하는 교통수단이 되었다. 매연과 소음은 각오해야 하지만 여행 중에 한 번쯤 재미난 경험으로 타기에 좋다. 주로 대표적인 관광지 앞에서 항상 대기하고 있으며 바가지요금을 피하려면 탑승 전에 꼭 요금을 흥정해야 한다.

오토바이 택시

태국에서는 남녀노소 가릴 것 없이 운전하는 수많은 오토바이를 볼 수 있다. 그중 주황색 조끼를 입은 드라이버가 있다면 바로 오토바이 택시를 의미한다. 보통 기본요금 20밧부터 시작하며 교통체증이 심한 방콕에서 가장 빠르게 이동할 수 있는 교통수단이다. 현지인들도 많이 이용하기 때문에 바가지 요금은 심하지 않다.

썽태우

썽태우는 작은 트럭을 개조하여 만든 미니버스와 같은 개념이다. 징해진 경로만 있을 뿐 타는 곳과 내리는 곳이 따로 정해져 있지 않아 손을 들어 타고 원하는 곳에서 벨을 누르면 내릴 수 있다. 요금은 내릴 때 지불하며 기본요금 10~20밧 정도로 저렴하다. 대도시보다는 중소도시에서 볼 수 있으며 상황에 따라 썽태우 전체를 빌릴 수도 있다.

19 좀티엔비치

17 황금절벽사원

16 농눅빌리지

18 파타야 워터파크

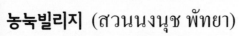

16 농눅빌리지 (สวนนงนุช พัทยา)

➡️ 오늘 배울 표현은 ~ 이해 못하다

1954년 농눅 할머니가 600에이커의 땅을 매입한 후 정원을 꾸미며 시작된 농눅빌리지는 1980년도 대중에게 공개 되면서 하루 최소 5천 명이 찾는 파타야 최고의 관광지가 되었다. 아시아에서 손꼽히는 열대 정원으로 폭포, 공룡 전시관, 프랑스 정원 등 다양한 테마들로 구성되어 있다. 평소 쉽게 볼 수 없는 품종의 희귀 선인장과 난초 등을 볼 수 있으며 정원을 온종일 걸어 다녀도 시간이 부족할 정도로 그 규모가 굉장하다. 중간중간 쉬어갈 수 있는 레스토랑과 다양한 쇼가 준비되어 있으니 놓치지 말 것. 교통이 불편하기 때문에 택시를 이용하거나 투어를 신청하여 가는 것이 편리하다. 코끼리에게 먹일 바나나 구매도 잊지 말자.

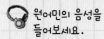

미리보기   어떤 대화를 하는지 먼저 살펴볼까요?

원어민의 음성을
들어보세요.

Thailand_16.mp3

1

A : คุณ เป็น ไกด์ ไหม คะ
　　쿤　　뺀　　까이　　마이　　카

B : ครับ ผม เป็น ไกด์ ให้ ทุกคน วันนี้ ครับ
　　크랍　폼　뺀　까이　하이　툭콘　완니－　크랍

2

A : คุณ พูด ภาษา อังกฤษ ได้ไหม คะ
　　쿤　풋－　파－싸－　앙끄릿　다－이마이　카

B : พูด ได้ นิดหน่อย ครับ
　　풋－　다－이　닛너－이　크랍

3

A : ดี ค่ะ บางครั้ง ฉัน ไม่เข้าใจ ภาษา
　　디－　카　방－크랑　찬　마이카오짜이　파－싸－

ไทย ค่ะ
타이　카

B : ผม จะ พูด ช้าๆ หน่อย ครับ
　　폼　짜　풋－　차－차－　너－이　크랍

⭐ **WORD**

- **ไกด์** 가이드
  까이

- **พูด** 말하다, 구사하다
  풋－

- **อังกฤษ** 영국
  앙끄릿

- **นิดหน่อย** 조금
  닛너－이

- **บางครั้ง** 때때로
  방－크랑

- **ช้าๆ** 천천히
  차－차－

113

대화한 내용을 떠올리며
원어민의 음성을 듣고 태국어로 말해보세요.

» **ภาษา**는 '언어'라는 뜻으로 뒤에 나라가
　파-싸-
위치하여 각국의 언어를 나타낼 수 있다.

ⓔⓧ 영어　　　　**ภาษา อังกฤษ**
　　　　　　　　파-싸-　앙끄릿

　　태국어　　　**ภาษา ไทย**
　　　　　　　　파-싸-　타이

» **ทุก**은 '모든, 각, 매'라는 뜻으로 명사와
　툭
결합하여 사용한다.

ⓔⓧ 모든 사람, 여러분　**ทุก คน**
　　　　　　　　　　　툭　콘

　　매일　　　　　　　**ทุก วัน**
　　　　　　　　　　　툭　완

» **นิดหน่อย**와 **หน่อย**의 차이 : 전자는 '조금'
　닛너-이　　너-이
후자는 '좀'이라 해석한다.

ⓔⓧ 조금 먹는다　**กิน นิดหน่อย**
　　　　　　　　　낀　　닛너-이

　　좀 먹어봐　　**กิน หน่อย นะ**
　　　　　　　　낀　너-이　나

1

A : 쿤 뻰 까이 마^이 카

B : 크랍
　　폼 뻰 까이 하^이 툭콘 완니- 크랍

2

A : 쿤 풋- 파-싸- 앙끄릿
　　다^이마^이 카

B : 풋- 다^이 닛너-이 크랍

3

A : 디- 카^
　　방-크랑 찬 마^이카^오짜이
　　파-싸- 타이 카^

B : 폼 짜 풋- 차-차- 너-이 크랍

1

A : คุณ เป็น ไกด์ ไหม คะ

B : ครับ
ผม เป็น ไกด์ ให้ ทุกคน
วันนี้ ครับ

1

A : 당신이 가이드인가요?

B : 네.
제가 오늘 여러분을 위한 가이드입니다.

2

A : คุณ พูด ภาษา อังกฤษ
ได้ไหม คะ

B : พูด ได้ นิดหน่อย ครับ

2

A : 영어 하실 수 있나요?

B : 조금 할 수 있답니다.

3

A : ดี ค่ะ
บางครั้ง ฉัน ไม่เข้าใจ
ภาษา ไทย ค่ะ

B : ผม จะ พูด ช้าๆ หน่อย
ครับ

3

A : 좋아요.
가끔 제가 태국어를 이해 못해서요.

B : 제가 좀 천천히 말할게요.

ไม่เข้าใจ   ~ 이해 못하다
마이카오짜이

- ผม ไม่เข้าใจ ชีวิต
  폼   마이카오짜이   치-윗

  나는 인생을 이해하지 못한다.

- เพื่อน ไม่เข้าใจ ว่า ชีวิต ยาก
  프-안   마이카오짜이   와-   치-윗   약-

  친구는 인생이 고되다는 것을 이해하지 못한다.

- ผม ไม่เข้าใจ จดหมาย นั้น
  폼   마이카오짜이   쫏마-이   난

  나는 그 편지를 이해하지 못한다.

- เพื่อน ไม่เข้าใจ ว่า ทำไม ผม เขียน จดหมาย
  프-안   마이카오짜이   와-   탐마이   폼   키-얀   쫏마-이

  친구는 왜 내가 편지를 쓰는지 이해하지 못한다.

- เพื่อน ไม่เข้าใจ ว่า ทำไม ผม ป่วย
  프-안   마이카오짜이   와-   탐마이   폼   뿌-아이

  친구는 왜 내가 아픈지 이해하지 못한다.

Point 1 ไม่ 부정형과 เข้าใจ '이해하다'가 결합되어 '~ 이해 못하다'라는 의미가 된다.
마이 카오짜이

Point 2 ไม่เข้าใจ + (명사) = (명사)를 이해 못하다
마이카오짜이

ไม่เข้าใจ ว่า + (주어+동사) = (주어+동사)를 이해 못하다
마이카오짜이 와-

STEP 2. 제시된 단어를 활용하여 직접 써보기

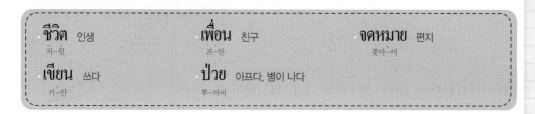

- ชีวิต 인생
  치-윗
- เพื่อน 친구
  프-안
- จดหมาย 편지
  쫏마-이
- เขียน 쓰다
  키-얀
- ป่วย 아프다, 병이 나다
  뿌-아이

- 나는 인생을 이해하지 못한다.

  ผม ไม่เข้าใจ ชีวิต

- 친구는 인생이 고되다는 것을 이해하지 못한다.

  เพื่อน ไม่เข้าใจ ว่า ชีวิต ยาก

- 나는 그 편지를 이해하지 못한다.

  ผม ไม่เข้าใจ จดหมาย นั้น

- 친구는 왜 내가 편지를 쓰는지 이해하지 못한다.

  เพื่อน ไม่เข้าใจ ว่า ทำไม ผม เขียน จดหมาย

- 친구는 왜 내가 아픈지 이해하지 못한다.

  เพื่อน ไม่เข้าใจ ว่า ทำไม ผม ป่วย

17

황금절벽사원 (พระพุทธรูปเขาชีจรรย์)

➡ 오늘 배울 표현은 **~처럼 보인다**

태국 사람들은 나라와 국민 그리고 불교를 지키는 사람이 국왕이라고 믿는다. 불교와 국왕에 대한 절대적인 믿음을 볼수 있는 곳이 바로 황금절벽사원. 1996년도 태국 푸미폰 전 국왕의 즉위 50주년을 기념하여 만들어진 세계 최대 조각불상으로 그 높이가 109m, 넓이는 70m이다. 산 절벽에 부처님의 형상을 음각하여 그 사이를 금으로 채웠는데 한화로 60억원 비용이 들었다. 정교한 불상을 새기기 위해 레이저 불빛이 보이는 밤에만 작업을 하여 완성하기까지 오랜 시간이 걸렸다. 상주 군인이 항상 지키고 있으며 그 크기가 거대해 멀리서 보아도 근엄한 자태를 느낄 수 있다.

미리보기

어떤 대화를 하는지 먼저 살펴볼까요?

원어민의 음성을
들어보세요.

Thailand_17.mp3

1

A : ดู โน่น สิ ดูเหมือนว่า มัน เป็น ทอง
두– 논– 씨 두–므–안와– 만 뻰 텅–

B : ไม่ รู้ เหรอ ทอง จริงๆ
마이 루– 르 – 텅– 찡찡

2

A : บางครั้ง คุณ โกหก เก่ง
방–크랑 쿤 꼬–혹 껭–

B : ฉัน ไม่ได้ โกหก มัน เป็น ความจริง
찬 마이다–이 꼬–혹 만 뻰 쾀–찡

3

A : จริง เหรอ สุดยอด เลย
찡 르– 쑷엿– 르–이

B : ดังนั้น พวก ทหาร (ที่) ดูแล
당난 푸–악 타한– (티–) 두–래

ความปลอดภัย อยู่ ที่นี่
쾀–쁠럿–파이 유– 티–니–

⭐ WORD

ทอง 금 텅–	**โกหก** 거짓말하다 꼬–혹	**ดังนั้น** 그래서, 그러므로 당난
พวก 무리, 그룹 푸–악	**ทหาร** 군인 타한–	**ดูแล** 보살피다, 감독하다 두–래–

 실전여행

대화한 내용을 떠올리며
원어민의 음성을 듣고 태국어로 말해보세요.

 tip 00

» สุดยอด은 '절정의, 최고의'라는 뜻으로
쑷엿-

구어체에서 사용시 우리말의 '대박이다,

끝내준다'라는 느낌의 표현이 된다.

» ความ은 형용사/동사 앞에 위치하여
쾀-

그 형태를 명사화 시킨다.

ex 진실이다   จริง
찡

진실, 사실   ความจริง
쾀-찡

안전하다   ปลอดภัย
쁠럿-파이

안전   ความปลอดภัย
쾀-쁠럿-파이

» ที่는 명사 뒤에 위치하여 명사에 대한
티-

부연설명을 연결할 때 사용한다.

부연설명이 짧은 경우 생략가능하다.

ex 이곳에 사는 군인

ทหาร ที่ อยู่ ที่นี่
타한-   티- 유- 티-니-

거짓말을 잘하는 친구

เพื่อน ที่ โกหก เก่ง
프-안 티- 꼬-혹 껭-

1

A : 두- 논- 씨
두-므-안와- 만 뻰 텅-

B : 마이 루- 르ㅓ- 텅- 찡찡

2

A : 방-크랑 쿤 꼬-혹 껭-

B : 찬 마이다-이 꼬-혹
만 뻰 쾀-찡

3

A : 찡 르ㅓ- 쑷엿- 르ㅓ-이

B : 당난 푸-악 타한- (티-)
두-래- 쾀-쁠럿-파이 유- 티-니-

1

A : ดู โน่น สิ
ดูเหมือนว่า มัน เป็น ทอง
B : ไม่ รู้ เหรอ ทอง จริงๆ

1

A : 저것 봐봐!
금 같아 보여.

B : 몰랐어? 진짜 금이잖아.

2

A : บางครั้ง คุณ โกหก เก่ง
B : ฉัน ไม่ได้ โกหก
มัน เป็น ความจริง

2

A : 가끔 너는 거짓말을 잘하는 것 같아.

B : 나 거짓말 하지 않았어.
사실인걸.

3

A : จริง เหรอ สุดยอด เลย
B : ดั่งนั้น พวก ทหาร (ที่)
ดูแล ความปลอดภัย อยู่
ที่นี่

3

A : 진짜였어? 완전 멋지다.

B : 그래서 안전을 지키는 군인들이 여기
있는 거야.

ดูเหมือนว่า ~처럼 보인다

두–므˘–안와–

STEP 1. 성조 보고 말해보기

- **ผม ดูเหมือน ผี**

  폼 두–므˘–안 피–

  머리카락이 귀신같이 보인다.

- **ผม ดูเหมือน เยอะ**

  폼 두–므˘–안 여

  머리카락이 많아 보인다.

- **ดูเหมือน ว่า คุณ มี งาน เยอะ วันนี้**

  두–므˘–안 와– 쿤 미– 응안– 여 완니–

  오늘 당신은 일이 많아 보인다.

- **ดูเหมือน ว่า คุณ มี นัด วันนี้**

  두–므˘–안 와– 쿤 미– 낫 완니–

  오늘 당신은 약속이 있는 것처럼 보인다.

- **ดูเหมือน ว่า คุณ โกหก**

  두–므˘–안 와– 쿤 꼬–흑

  당신이 거짓말을 하는 것처럼 보인다.

STEP 2. 제시된 단어를 활용하여 직접 써보기

ผม 머리카락
폼

ผี 귀신
피-

เยอะ 많다(수량)
여

งาน 일, 업무
응안-

นัด 약속
낟

- 머리카락이 귀신같이 보인다.

ผม ดูเหมือน ผี

- 머리카락이 많아 보인다.

ผม ดูเหมือน เยอะ

- 오늘 당신은 일이 많아 보인다.

ดูเหมือน ว่า คุณ มี งาน เยอะ วันนี้

- 오늘 당신은 약속이 있는 것처럼 보인다.

ดูเหมือน ว่า คุณ มี นัด วันนี้

- 당신이 거짓말을 하는 것처럼 보인다.

ดูเหมือน ว่า คุณ โกหก

18

파타야 워터파크 (สวนน้ำรามายณะ)

➡️ 오늘 배울 표현은 ~하자

남부 파타야에서 약 20km 떨어진 곳에는 태국 최대 규모의 워터파크가 있다. 호수와 푸른 언덕으로 둘러싸인 경관을 뽐내는데, 지하 우물에서 올라오는 맑은 식수를 사용하여 수질이 우수하다. 태국답게 워터파크에도 전문 타이 마사지사가 있으며 타이 푸드와 인터내셔널 푸드를 포함한 100여 가지의 푸드코트가 있어 편리하게 즐길 수 있다. 대부분의 워터파크는 놀이 시설을 이용하기 위해 줄을 서야 하지만 이곳은 최대 워터파크임에도 불구하고 기다릴 필요 없이 즐길 수 있다. 번잡한 파타야를 벗어나 조용하게 물놀이를 할 수 있고 픽업 서비스가 있으니 편하게 이동할 수 있다.

어떤 대화를 하는지 먼저 살펴볼까요?

 원어민의 음성을
들어보세요.

Thailand_18.mp3

1

A : ไป ชายหาด กันเถอะ
빠이　차-이핫-　깐트ㅓ

B : ที่จริงแล้ว ฉัน ไม่ ชอบ ทะเล
티-찡래-우　찬　마이　첩-　탈레-

2

A : งั้น เธอ รู้จัก ที่อื่น ดีๆ เหรอ
응안　트ㅓ-　루-짝　티-은　디-디-　르ㅓ-

B : ไป สวนน้ำ เป็นอย่างไร
빠이　쑤-안남-　뻰양-라이

3

A : อยู่ที่ไหน ใกล้ ที่นี่ เหรอ
유-티-나이　끌라이　티-니-　르ㅓ-

B : ใกล้ๆ เรียก แท็กซี่ กันเถอะ
끌라이끌라이　리-약　택-씨-　깐트ㅓ

⭐ WORD

ชายหาด 해변가 차-이핫-	**ทะเล** 바다 탈레-	**ที่อื่น** 다른 곳 티-은
สวนน้ำ 워터파크 쑤-안남-	**เรียก** 부르다 리-약	**แท็กซี่** 택시 택-씨-

실전여행

대화한 내용을 떠올리며
원어민의 음성을 듣고 태국어로 말해보세요.

» วั้น은 '그럼, 그러면'이라는 뜻으로
응안

구어체에서 사용한다.

» เธอ의 다양한 의미
트ㅓ-

• คุณ '당신' 보다 비격식적인 2인칭
쿤

대명사로 친구 사이, 동등한 관계,

아랫사람을 부를 때 사용.

• 그녀

» เหรอ는 의문문을 만들 때 상대에게
르ㅓ-

그 의미를 보다 더 부드럽게 전달하기 위한

용법으로도 사용한다.

1

A : 빠ㅣ 차-ㅣ핫- 깐트ㅓ

B : 티-찡래-우 찬 마ㅣ 첩- 탈레-

2

A : 응안 트ㅓ- 루-짝 티-은- 디-디-
르ㅓ-

B : 빠ㅣ 쑤-안남- 빼양-라ㅣ

3

A : 유-티-나ㅣ
끌라ㅣ 티-니- 르ㅓ-

B : 끌라ㅣ끌라ㅣ 리-약 택-씨- 깐트ㅓ

1

A : ไป ชายหาด กันเถอะ

B : ที่จริงแล้ว ฉัน ไม่ ชอบ ทะเล

2

A : งั้น เธอ รู้จัก ที่อื่น ดีๆ เหรอ

B : ไป สวนน้ำ เป็นอย่างไร

3

A : อยู่ที่ไหน
ใกล้ ที่นี่ เหรอ

B : ใกล้ๆ เรียก แท็กซี่ กันเถอะ

1

A : 바닷가 가자!

B : 사실은 나 바다를 좋아하지 않아.

2

A : 그럼 너 다른 좋은 곳이라도 알고있어?

B : 워터파크 가는거 어때?

3

A : 어디에 있어?
여기서 가까운 거지?

B : 가까워. 택시 부르자!

กันเถอะ　　～하자
깐트ㅓ

- **ยืน กันเถอะ**
  은－　　깐트ㅓ

  일어서자.

- **หนีไป กันเถอะ**
  니－빠이　　깐트ㅓ

  도망가자.

- **ชนแก้ว กันเถอะ**
  촌깨－우　　깐트ㅓ

  건배하자.

- **เดินเล่น กันเถอะ**
  드ㅓㄴ－렌－　　깐트ㅓ

  산책하자.

- **ทำความสะอาด กันเถอะ**
  탐쾀－싸앗－　　깐트ㅓ

  청소하자.

Point 1 กันเถอะ는 '서로 함께 ~하자'라는 뜻이다.
칸트ㅓ

Point 2 짧게 줄여 เถอะ라 말하기도 한다.
트ㅓ

STEP 2. 제시된 단어를 활용하여 직접 써보기

- **ยืน** 일어서다
  ยึน-

- **หนีไป** 도망가다
  นี-빠이

- **ชนแก้ว** 건배하다
  촌깨-우

- **เดินเล่น** 산책하다
  드ㅓ니-렌-

- **ทำความสะอาด** 청소하다
  탐콤-싸앗-

- 일어서자.

  ยืน กันเถอะ

- 도망가자.

  หนีไป กันเถอะ

- 건배하자.

  ชนแก้ว กันเถอะ

- 산책하자.

  เดินเล่น กันเถอะ

- 청소하자.

  ทำความสะอาด กันเถอะ

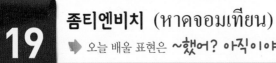

19 좀티엔비치 (หาดจอมเทียน)

🔊 오늘 배울 표현은 ~했어? 아직이야?

북적거리는 파타야 비치를 떠나 남쪽으로 2km 정도를 가다 보면 길이 약 6km에 한적한 좀티엔비치가 나온다. 5성급 호텔보다는 콘도미니엄, 게스트하우스, 호스텔 등이 밀집되어 있어 대부분 장기 투숙객과 현지인들이 많다. 파타야보다 저렴한 가격에 제트스키, 바나나보트, 패러세일링을 즐길 수 있으며 해양스포츠 축제가 좀티엔비치에서 열리기도 한다. 여느 태국의 바다처럼 물 색깔이 그리 맑지는 않지만 방콕 근처 가깝게 갈 수 있는 바다로 싱싱한 해산물을 즐길 수 있다. 해변가 파라솔에서 해산물 요리를 주문만 하면 그 자리에서 먹을 수 있으니 놓치지 말자.

미리보기

어떤 대화를 하는지 먼저 살펴볼까요?

🎧 원어민의 음성을
들어보세요.

▶ Thailand_19.mp3

1

A : ร้านอาหาร นี้ มีชื่อเสียง มาก
라-아-한- 니- 미-츠-씨-양 막-

ใช่มั้ย ครับ
차이마이 크랍

B : ใช่ ค่ะ ทาน อาหารทะเล ได้ ค่ะ
차이 카 탄 아-한-탈레- 다-이 카

2

A : คุณ ทาน ข้าว หรือยัง ครับ
쿤 탄 카-우 르-양 크랍

B : ยัง ค่ะ แล้วคุณล่ะ คะ
양 카 래-우쿤라 카

3

A : งั้น ไป พักผ่อน หลังจาก ทาน ที่นี่
응안 빠이 팍펀- 랑짝- 탄- 티-니-

ไหม ครับ
마이 크랍

B : ดี ค่ะ ฉัน ตื่นเต้น มาก ค่ะ
디- 카 찬 뜬-뗀- 막- 카

⭐ WORD

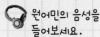

ร้านอาหาร 레스토랑 라-아-한-	**มีชื่อเสียง** 유명하다 미-츠-씨-양	**อาหารทะเล** 해산물 아-한-탈레-
ข้าว 밥 카-우	**ยัง** 아직 양	**ตื่นเต้น** 흥분하다, 기대하다 뜬-뗀-

131

실전여행

대화한 내용을 떠올리며
원어민의 음성을 듣고 태국어로 말해보세요.

STEP 1. 성조 보고 태국어로 말해보기

» ใช่มั้ย는 '~그렇지?'라는 뜻으로 문장
　차이마이

끝에 위치하여 의문문을 만든다.

ex 기대되지? 그렇지?

ตื่นเต้น ใช่มั้ย
　뜬–뗀–　　차이마이

» แล้วคุณล่ะ '너는 어때'를 의미한다.
　래–우쿤라

문장 전체로 기억한다.

» 어떤 행동이 끝난 뒤를 말하고자 할 때

หลังจาก + [행동] 을 위치한다.
랑짝–

ex 휴식을 취한 후에 **หลังจาก พักผ่อน**
　　　　　　　　　　　랑짝–　　팍펀–

1

A : 란–아–한– 니– 미–츠–씨–양 막–
　　차이마이 크랍

B : 차이 카 탄– 아–한–탈레–
　　다–이 카

2

A : 쿤 탄– 카–우 르–양 크랍

B : 양 카 래–우쿤라 카

3

A : 응안 빠이 팍펀– 랑짝– 탄–
　　티–니– 마이 크랍

B : 디– 카 찬 뜬–뗀– 막– 카

1

A : ร้านอาหาร นี้ มีชื่อเสียง มาก ใช่มั้ย ครับ

B : ใช่ ค่ะ ทาน อาหารทะเล ได้ ค่ะ

1

A : 이 식당은 유명하죠(그렇죠)?

B : 맞아요. 해산물을 먹을 수 있어요.

2

A : คุณ ทาน ข้าว หรือยัง ครับ

B : ยัง ค่ะ แล้วคุณล่ะ คะ

2

A : 식사하셨어요? 아직인가요?

B : 아직이요. 당신은요?

3

A : งั้น ไป พักผ่อน หลังจาก ทาน ที่นี่ ไหม ครับ

B : ดี ค่ะ ฉัน ตื่นเต้น มาก ค่ะ

3

A : 그럼 여기서 먹고 난 후에 쉬러 갈까요?

B : 좋아요. 너무 기대되네요.

133

หรือยัง

르-양

~했어? 아직이야?

- **จำ ร้านอาหาร นี้ ได้ หรือยัง**

  짬   란-아-한-   니   다-이   르-양

  이 식당 기억났어?(아직이야?)

- **เมา หรือยัง**

  마오   르-양

  취했어?(아직이야?)

- **สารภาพ หรือยัง**

  싸-라팝-   르-양

  고백했어?(아직이야?)

- **ร้านอาหาร ปิด หรือยัง**

  란-아-한-   삣   르-양

  식당은 닫았어?(아직이야?)

- **ซ่อม หรือยัง**

  썸-   르-양

  고쳤어?(아직이야?)

Point 1 หรือ '또는, 혹은'과 ยัง '아직'이 결합되어 '~했는지, 아직인지'를 물어보는 질문이 된다.
         르-   양

Point 2 กิน ข้าว หรือยัง은 우리나라처럼 '밥 먹었어? (아직이야)?'의 뜻으로 평상시에 인사치레로 건네는
         킨 카-우 르-양
표현이다.

STEP 2. 제시된 단어를 활용하여 직접 써보기

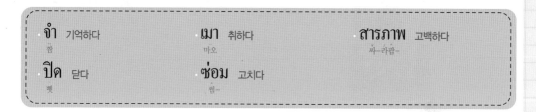

จำ 기억하다   เมา 취하다   สารภาพ 고백하다
짬   마오   싸-라팝-

ปิด 닫다   ซ่อม 고치다
삣   썸-

• 이 식당 기억났어?(아직이야?)

จำ ร้านอาหาร นี้ ได้ หรือยัง

• 취했어?(아직이야?)

เมา หรือยัง

• 고백했어?(아직이야?)

สารภาพ หรือยัง

• 식당은 닫았어?(아직이야?)

ร้านอาหาร ปิด หรือยัง

• 고쳤어?(아직이야?)

ซ่อม หรือยัง

핫플레이스 태국 여행

파타야 DAY2

미니 씨암 (เมืองจำลอง พัทยา)

▶ 오늘 배울 표현은 ~하지 마

미니 씨암은 세계 곳곳의 대표적인 건축물을 축소하여 전시해놓은 테마 관광지이다. 1985년부터 시작된 프로젝트가 점차 커져 현재의 모습을 갖추게 되었다. 오래전 태국은 수세기 동안 씨암이라 불려왔는데 바로 미니 씨암, 작은 태국을 말한다. 700년이 넘는 태국왕조의 역사를 보여주는 고대 문화유산과 해외 건축물을 축소해 놓은 미니 유럽까지 두 구역으로 나누어져 있다. 해가 지는 시간이면 건축물 하나하나 조명이 켜져 더욱더 아름다운 미니 씨암을 구경할 수 있으니 저녁에 가는 것이 좋다. 또한 미니 씨암 옆에는 야시장이 있어 관광을 끝내고 들러 저녁을 먹기에 적당하다.

미리보기

어떤 대화를 하는지 먼저 살펴볼까요?

 원어민의 음성을 들어보세요.

▶ Thailand_20.mp3

1

A : มี แผนที่ หรือเปล่า นะ
　　미-　팬-티-　르-쁠라우　나

B : น้องสาว ของ ฉัน ไม่ มี
　　넝-싸-우　컹-　찬　마이 미-

　　แต่ จะ ตาม คุณ ไป
　　때-　짜　땀-　쿤　빠이

2

A : หลัง 3 ชั่วโมง เจอ กัน ที่นั่น ได้ไหม
　　랑　쌈-　추-아몽　쯔ㅓ-　깐　티-난　다-이마이

B : ชัวร์
　　추-아

3

A : อย่า มา สาย นะ
　　야-　마-　싸-이　나

　　รู้ เบอร์ ของ ผม ไหม
　　루-　브ㅓ-　컹-　폼　마이

B : ยัง ไม่ ลืม
　　양　마이　름-

✿ WORD

・แผนที่ 지도
　팬-티-

・แต่ 그러나, 하지만
　때-

・ตาม 따라가다
　땀-

・หลัง ~(시간)후에
　랑

・เบอร์ 번호
　브ㅓ-

・ลืม 잊다
　름-

실전여행 대화한 내용을 떠올리며
원어민의 음성을 듣고 태국어로 말해보세요.

» น้องสาว는 '여동생'이라는 뜻이다.
녕-싸-우

น้อง은 나이가 어린 후배나 동생을
녕-

친근 하게 부를 때 사용하며 이름 앞에

붙이거나 단독으로 사용할 수 있다.

» เจอ는 '만나다'라는 의미이다.
쯔ㅓ-

* 같은 뜻의 พบ과의 차이점
폽

• เจอ = 이미 알고 있는 사이, 친구,
쯔ㅓ-

  동료 사이에서 '내일 봐'와 같은 표현을

  말하고자 할 때 사용하여 빈도수가 높다.

• พบ = 서로 처음 만난 사이에서 주로
폽

  사용 하며 좀 더 격식있는 표현이다.

» ชัวร์는 영어의 Sure 를 태국식 발음으로
추-아

변형한 것인데 이처럼 많은 영어 단어가

태국식 발음으로 변형되어 일상대화에서

자주 사용된다.

1

A : 미- 팬-티- ㄹ-쁠라우 나

B : 녕-싸-우 컹- 찬 마이 미-
때- 짜 팝- 쿤 빠이

2

A : 랑 쌈- 추-아몽-
쯔ㅓ- 깐 티-난 다-이마이

B : 추-아

3

A : 야- 마- 싸-이 나
루- 브ㅓ- 컹- 폼 마이

B : 양 마이 름-

1

A : มี แผนที่ หรือเปล่า นะ

B : น้องสาว ของ ฉัน ไม่ มี
แต่ จะ ตาม คุณ ไป

1

A : 지도 있어?(없어?)

B : 내 동생은 없지만 너를 따라다닐 거야.

2

A : หลัง 3 ชั่วโมง
เจอ กัน ที่นั่น ได้ไหม

B : ชัวร์

2

A : 세 시간 후에 저기서 만날 수 있지?

B : 당연하지.

3

A : อย่า มา สาย นะ
รู้ เบอร์ ของ ผม ไหม

B : ยัง ไม่ ลืม

3

A : 늦지 마.
내 번호 알지?

B : 아직 잊지 않았어.

อย่า
야-

~하지 마

STEP 1. 성조 보고 말해보기

· อย่า กัด นะ
  야-   깟   나

물지 마.

· อย่า ยอมแพ้ นะ
  야-   염-패-   나

포기하지 마.

· อย่า รบกวน น้องสาว ของ ฉัน อีกต่อไป นะ
  야- 롭꾸-안 닝-싸-우 컹- 찬 익-떠-빠-이 나

더이상 내 여동생을 괴롭히지 마.

· อย่า ตาม ฉัน มา อีกต่อไป นะ
  야- 땀- 찬 마- 익-떠-빠-이 나

더이상 나를 따라오지 마.

· อย่า ร้องไห้ อีกต่อไป นะ
  야- 렁-하이   익-떠-빠-이 나

더이상 울지 마.

Point 1 อย่า는 금지나 명령을 할 때 문장 앞에 위치하여 사용한다.
야-

Point 2 경고의 뜻이기에 의미를 한결 부드럽게 순환시키고자 นะ를 문장 끝에 함께 붙여 말한다.
나

STEP 2. 제시된 단어를 활용하여 직접 써보기

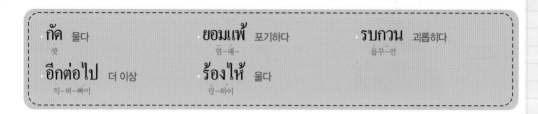

- **กัด** 물다
짯
- **อีกต่อไป** 더 이상
익-떠-빠이
- **ยอมแพ้** 포기하다
연-패-
- **ร้องไห้** 울다
렁-하이
- **รบกวน** 괴롭히다
롭꾸-안

• 물지 마.

อย่า กัด นะ

• 포기하지 마.

อย่า ยอมแพ้ นะ

• 더이상 내 어동생을 괴롭히지 마.

อย่า รบกวน น้องสาว ของ ฉัน อีกต่อไป นะ

• 더이상 나를 따라오지 마.

อย่า ตาม ฉัน มา อีกต่อไป นะ

• 더이상 울지 마.

อย่า ร้องไห้ อีกต่อไป นะ

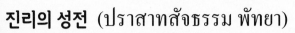

21 진리의 성전 (ปราสาทสัจธรรม พัทยา)

▶ 오늘 배울 표현은 ~하는 중이다

1981년 태국 기업가의 아이디어로 착공된 진리의 성전은 약 100m 높이의 목재 건축물이다. 지금은 그의 후손들이 유업을 물려받아 건축을 해나가고 있다. 태국 전통 목조 건축기술을 부활시키고자 100% 목재로만 짓고 있으며 종교 간 화합을 통해 인류 평화를 소망했던 그의 이상향이 이 건축물에 그대로 담겨있다. 작은 조각 하나에도 목공들의 세심함과 정교함을 느낄 수 있고 파란 바다를 배경으로 우두커니 서 있는 자태에 탄성이 절로 나온다. 정확한 완공 날짜를 예측할 수 없는데 건축에 사용된 목재가 바닷바람으로 인한 부식과 변색으로 끊임없이 보수 중이기 때문이다. 어쩌면 이것 또한 자연의 진리와 섭리를 뜻하는 것은 아닐까.

미리보기

어떤 대화를 하는지 먼저 살펴볼까요?

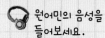

원어민의 음성을
들어보세요.

Thailand_21.mp3

1

A : ยัง กำลัง ก่อสร้าง เหรอ ครับ
양　깜랑　꺼-쌍-　르ㅓ-　크랍

B : 30 ปี แล้ว ค่ะ แต่ ยัง ไม่ เสร็จ ค่ะ
쌈-씹　삐-　래-우　카　때-　양　마이　쎗　카

2

A : เมื่อไหร่ จะ เสร็จ ครับ
므ㅓ-아라이　짜　쎗　크랍

B : ไม่มีใคร รู้ ค่ะ
마이미-크라이　루-　카

การที่ ลมทะเล พัด ทำให้ ผุ ค่ะ
깐-티-　롬탈레-　팟　탐하이　푸　카

3

A : แต่ ยัง สุดยอด เลย ครับ
때-　양　쑷얻-　르ㅓ-이　크랍

B : ใช่มั้ย คะ
차이마이　카

⭐ WORD

ก่อสร้าง 건설하다, 건축하다 꺼-쌍-	**ปี** 년, 해 삐-	**เสร็จ** 끝나다 쎗
ลมทะเล 바닷바람 롬탈레-	**พัด** 바람이 불다 팟	**ผุ** 썩다, 부식하다 푸

145

STEP 1. 성조 보고 태국어로 말해보기

» ไม่ มี ใคร의 직역은 '누구도 없다'가
마이 미- 크라이

되어 즉 '아무도'라는 뜻이 된다.

» การที่는 '이유인즉슨, 사실인즉슨'이라는
깐-티-

뜻이다.

» ทำให้는 '~하게 만들다'를 의미한다.
탐하이

ex 동생을 울게 만든다

ทำให้ น้อง ร้องไห้
탐하이 넝- 렁-하이

1

A : 양 깜랑 꺼-쌍- 르ㅓ- 크랍

B : 쌈-씹 삐- 래-우 카
때- 양 마이 쎗 카

2

A : 므-아라이 짜 쎗 크랍

B : 마이미-크라이 루- 카
깐-티- 롬탈레- 팟 탐하이 푸 카

3

A : 때- 양 쑷엿- 르ㅓ-이 크랍

B : 차이마이 카

1

A : ยัง กำลัง ก่อสร้าง เหรอ ครับ

B : 30 ปี แล้ว ค่ะ
แต่ ยัง ไม่ เสร็จ ค่ะ

2

A : เมื่อไหร่ จะ เสร็จ ครับ

B : ไม่มีใคร รู้ ค่ะ
การที่ ลมทะเล พัด ทำให้ ผุ ค่ะ

3

A : แต่ ยัง สุดยอด เลย ครับ

B : ใช่มั้ย คะ

1

A : 여전히 건설 중인 건가요?

B : 이미 30년 됐지요.
하지만 아직 완성되지 않았어요.

2

A : 언제 끝나나요?

B : 아무도 몰라요.
이유인즉슨 바닷바람이 불어 부식되어서 그래요.

3

A : 그래도 여전히 굉장하네요.

B : 그렇죠?

กำลัง
깜랑

~하는 중이다

STEP 1. 성조 보고 말해보기

- **นักเรียน กำลัง พยายาม**
  낙리–얀   깜랑   파야–얌–

  학생은 노력하는 중이다.

- **นักเรียน กำลัง พยายาม ลดน้ำหนัก**
  낙리–얀   깜랑   파야–얌–   롯남낙

  학생은 살을 빼려 노력하는 중이다.

- **นักเรียน กำลัง โกรธ เพื่อน อยู่**
  낙리–얀   깜랑   끄롯–   프–안   유–

  학생은 친구에게 정말 화가 나 있는 중이다.

- **นักเรียน กำลัง ซื้อของ กับ เพื่อน**
  낙리–얀   깜랑   쓰–컹–   깝   프–안

  학생은 친구와 쇼핑하는 중이다.

- **ลมทะเล พัด อยู่**
  롬탈레–   팟   유–

  바닷바람이 불고 있다.

STEP 2. 제시된 단어를 활용하여 직접 써보기

นักเรียน 학생
나리–얀

พยายาม 노력하다, 시도하다
파야–얌–

โกรธ 화를 내다
끄롯

ซื้อของ 쇼핑
쓰–컹–

ลดน้ำหนัก 다이어트, 살을 빼다
롯남나

• 학생은 노력하는 중이다.

นักเรียน กำลัง พยายาม

• 학생은 살을 빼려 노력하는 중이다.

นักเรียน กำลัง พยายาม ลดน้ำหนัก

• 학생은 친구에게 정말 화가 나 있는 중이다.

นักเรียน กำลัง โกรธ เพื่อน อยู่

• 학생은 친구와 쇼핑하는 중이다.

นักเรียน กำลัง ซื้อของ กับ เพื่อน

• 바닷바람이 불고 있다.

ลมทะเล พัด อยู่

나끌루아 수산시장 (Naklua Fish Market)

▶ 오늘 배울 표현은 ~ **또한 그렇다**

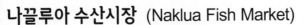

파타야의 대표 수산시장으로 관광객보다 현지인들이 더 많아 아는 사람만 찾아간다는 로컬마켓이다. 태국에서 시장 영업은 보통 늦은 오후부터 시작하는 곳이 많지만, 이곳은 낮부터 시작한다. 저렴하고 싱싱한 해산물을 일정한 요금만 내면 원하는 요리로 만들어 주는데 직화구이가 가장 인기가 많다. 해산물 위에 적혀있는 숫자는 1Kg당의 요금이며 요리 비용은 대략 Kg당 30밧(1,000원)정도한다. 시장 근처에는 바다를 마주하고 먹을 수 있는 야외 공간이 마련되어 있으며 우리나라에서는 잡히지 않는 다양한 해산물들이 있어 구경하는 재미는 덤이다. 태국식 해산물 소스가 있으니 꼭 함께 먹어보자.

미리보기

어떤 대화를 하는지 먼저 살펴볼까요?

 원어민의 음성을
들어보세요.

Thailand_22.mp3

1 A : พี่ชาย กลิ่น นี้ อะไร
피-차-이 끌린 니- 아라이

B : ดูเหมือนว่า ปลา ย่าง ที่ ตลาด
두-므-안와- 빨라 양- 티- 딸랏-

2 A : กลางวัน เปิด แล้ว เหรอ
끌랑-완 쁘ㄷㅅ- 래-우 르ㅓ-

B : ตลาด นี้ เปิด เร็ว
딸랏- 니- 쁘ㄷㅅ- 레우

3 A : กลิ่น ปลา ทำให้ ฉัน หิว
끌린 빨라- 탐하이 찬 히우

จะตาย แล้ว
짜따-이 래-우

B : ผม ก็ หิว เหมือนกัน นะ
폼 꺼- 히우 므-안깐 나

⭐ WORD

กลิ่น 냄새 끌린	**ปลา** 생선 빨라-	**ย่าง** 굽다 양-
กลางวัน 낮 끌랑-완	**เปิด** 열다, 틀다, 켜다 쁘ㄷㅅ-	**เร็ว** 빨리 레우

151

대화한 내용을 떠올리며
원어민의 음성을 듣고 태국어로 말해보세요.

» พี่ชาย는 '형, 오빠'라는 뜻이다.
피-차-이
여기서 พี่ 피-는 윗사람을 부를 때 이름
앞에 붙이거나 혹은 단독으로 사용할 수
있다.

» จะตาย는 '매우, 극심하게'라는 뜻으로
짜따-이
우리말의 '죽을 정도로, 죽을 만큼'과 비슷한
뉘앙스다.

» 태국은 메뉴에 있는 음식 말고도 자신이
원하는 방식의 요리를 따로 주문하여
먹을 수 있다. 시장이나 많은 음식을 다루는
식당에서 가능하다.

1

A : 피-차-이 끌린 니- 아라이

B : 두-므-안와- 쁠라- 양- 티- 딸랏-

2

A : 끌랑-완 쁘ㅓㅅ- 래-우 르ㅓ-

B : 딸랏- 니- 쁘ㅓㅅ- 레우

3

A : 끌린 쁠라- 탐하이 찬 히우
    짜따-이 래-우

B : 폼 꺼- 히우 므-안깐 나

1

A : พี่ชาย กลิ่น นี้ อะไร

B : ดูเหมือนว่า ปลา ย่าง ที่ ตลาด

1

A : 오빠 이 냄새는 뭐야?

B : 시장에서 생선 굽는 것 같아.

2

A : กลางวัน เปิด แล้ว เหรอ

B : ตลาด นี้ เปิด เร็ว

2

A : 낮인데 벌써 연 거야?

B : 이 시장은 일찍 열어.

3

A : กลิ่น ปลา ทำให้ ฉัน หิว จะตาย แล้ว

B : ผม ก็ หิว เหมือนกัน นะ

3

A : 생선 냄새가 너무 배고프게 만든다.

B : 나도 배고프다.

153

ก็~เหมือนกัน   ~ 또한 그렇다
꺼– ~ 므–안깐

- **ผม ก็ จะ เป็น นักร้อง เหมือนกัน**
  폼 꺼– 짜 뻰   낙렁–   므–안깐

  나 또한 가수가 될 것이다.

- **ผม ก็ จะ เป็น หมอ เหมือนกัน**
  폼 꺼– 짜 뻰   머–   므–안깐

  나 또한 의사가 될 것이다.

- **ผม ก็ ตื่น เร็ว เหมือนกัน**
  폼 껴– 뜬– 레우   므–안깐

  나 또한 일찍 일어난다.

- **ผม ก็ นอนหลับ เร็ว เหมือนกัน**
  폼 꺼–   넌–랍   레우   므–안깐

  나 또한 일찍 잔다.

- **ผม ก็ เกลียด คุณ เหมือนกัน**
  폼 꺼– 끌리–얏   쿤   므–안깐

  나 또한 네가 싫다.

STEP 2. 제시된 단어를 활용하여 직접 써보기

นักร้อง 가수
낙-렁-

หมอ 의사
머-

ตื่น 깨어나다, 일어나다
뜬-

นอนหลับ 잠자다
넌-랍

เกลียด 증오하다, 미워하다
끌리-얏

• 나 또한 가수가 될 것이다.

ผม ก็ จะ เป็น นักร้อง เหมือนกัน

• 나 또한 의사가 될 것이다.

ผม ก็ จะ เป็น หมอ เหมือนกัน

• 나 또한 일찍 일어난다.

ผม ก็ ตื่น เร็ว เหมือนกัน

• 나 또한 일찍 잔다.

ผม ก็ นอนหลับ เร็ว เหมือนกัน

• 나 또한 네가 싫다.

ผม ก็ เกลียด คุณ เหมือนกัน

23 꼬란 (เกาะล้าน)

➡️ 오늘 배울 표현은 **어떻게**

꼬란은 파란 물과 산호초를 볼 수 있는 섬으로 파타야 남쪽 선착장에서 보트를 타고 들어간다. 파타야 바다보다는 물이 맑고 투명하여 '산호섬'이라고도 불리며 스노클링, 스쿠버다이빙, 패러세일링 등 다양한 해양스포츠를 즐길 수 있다. 꼬란에서 가장 유명한 비치로는 따완 비치가 있으며 많은 여행사 투어가 이곳을 머물다 간다. 개별적으로 조용하게 즐기고 싶다면 오전보다는 단체 투어객이 돌아가는 오후에 가는 것이 좋다. 스쿠터를 렌트하면 곳곳에 숨겨진 작은 비치들을 돌아볼 수 있기에 개별 투어를 추천한다. 선착장에서 스피드보트로는 약 20분 정도 소요되며 일반 보트는 두 배 정도가 걸린다. 어느 비치로 가는 보트인지 잘 확인하고 탑승해야 한다.

원어민의 음성을
들어보세요.

Thailand_23.mp3

1 A : พี่ คะ ฉัน ไม่ ทราบ ว่า ไป เกาะ
피 카 찬 마이 쌉- 와- 빠이 꺼

ล้าน อย่างไร คะ
란- 양-라이 카

B : ไป โดย เรือ ครับ
빠이 도-이 르-아 크랍

2 A : ขึ้น เรือเร็ว ไป นานเท่าไหร่ คะ
큰 르-아레우 빠이 난-타오라이 카

B : 20 นาที เท่านั้น ครับ เร็ว ที่สุด ครับ
이-씹 나-티- 타오난 크랍 레우 티-쑷 크랍

3 A : ปกติ เรือ จะ ออก เมื่อไหร่ คะ
뽀까띠 르-아 짜 억- 므-아라이 카

B : เมื่อไหร่ ก็ได้ ครับ
므-아라이 꺼-다이 크랍

เรา พร้อม แล้ว ครับ
라오 프럼- 래-우 크랍

✏ WORD

เกาะ 섬	**โดย** ~을 통해서, ~을 타고	**เรือเร็ว** 고속정, 스피드보트
꺼	도-이	르-아레우
เท่านั้น 오직	**ออก** 나가다	**พร้อม** 준비되다
타오난	억-	프럼-

157

실전여행

대화한 내용을 떠올리며
원어민의 음성을 듣고 태국어로 말해보세요.

» ทราบ은 '알다'라는 뜻으로 같은 뜻인 รู้보다
  쌉ー   루ー
  정중한 표현이다.

» ที่สุด은 최상급을 나타내는 단어로 형용사
  티ー쑷
  뒤에 위치하여 사용한다.

  ⓔⓧ 가장 이쁘다 สวย ที่สุด
              쑤ー아이 티ー쑷

      제일 맛있다 อร่อย ที่สุด
              아러ー이 티ー쑷

» '평상시, 보통의' ปกติ는
  빠까띠 / 뽀까띠로 둘 다 발음할 수 있다.

1

A : 피ー 카 차 마이 쌉ー 와ー
    빠이 꺼 란ー 양ー라이 카

B : 빠이 도ー이 르ー아 크랍

2

A : 큰 르ー아레우 빠이 난ー타오라이 카

B : 이ー씹 나ー티ー 타오난 크랍
    레우 티ー쑷 크랍

3

A : 뽀까띠 르ー아 짜 억ー 므ー아라이 카

B : 므ー아라이 꺼ー다ー이 크랍
    라오 프럼ー 래ー우 크랍

1

A : พี่ คะ ฉัน ไม่ ทราบ ว่า
ไป เกาะ ล้าน อย่างไร คะ

B : ไป โดย เรือ ครับ

2

A : ขึ้น เรือเร็ว ไป นานเท่าไหร่
คะ

B : 20 นาที เท่านั้น ครับ
เร็ว ที่สุด ครับ

3

A : ปกติ เรือ จะ ออก
เมื่อไหร่ คะ

B : เมื่อไหร่ ก็ได้ ครับ
เรา พร้อม แล้ว ครับ

1

A : 저기요.(윗사람을 부름) 꼬란섬을 어떻게
가야 할지 몰라서요.

B : 보트를 타고 가면 돼요.

2

A : 스피드보트를 타고 가면 얼마나
걸리나요?

B : 20분밖에 안 걸려요.
가장 빠르죠.

3

A : 보통 보트는 언제 떠나나요?

B : 언제든지요.
우리는 이미 떠날 준비가 됐답니다.

อย่างไร   어떻게

양–라이

- พาไป อย่างไร
  파–빠이   양–라이

  어떻게 데리고 가?

- ให้อภัย คุณ อย่างไร
  하이아파이   쿤   양–라이

  어떻게 널 용서해?

- คุณ คิด อย่างไร กับ ข่าว นี้
  쿤   킷   양–라이   깝   카–우   니–

  너는 이 뉴스를 어떻게 생각해?

- คุณ คิด อย่างไร กับ หนังสือ นี้
  쿤   킷   양–라이   깝   낭쓰–   니–

  너는 이 책을 어떻게 생각해?

- คุณ คิด อย่างไร กับ ความเห็น นี้
  쿤   킷   양–라이   깝   쾀–헨   니–

  너는 이 의견을 어떻게 생각해?

STEP 2. 제시된 단어를 활용하여 직접 써보기

พาไป 데리고 가다   ให้อภัย 용서하다   ข่าว 뉴스
파-빠이   하이아파이   카-우

หนังสือ 책   ความเห็น 의견
낭쓰-   쾀-헨

• 어떻게 데리고 가?

พาไป อย่างไร

• 어떻게 널 용서해?

ให้อภัย คุณ อย่างไร

• 너는 이 뉴스를 어떻게 생각해?

คุณ คิด อย่างไร กับ ข่าว นี้

• 너는 이 책을 어떻게 생각해?

คุณ คิด อย่างไร กับ หนังสือ นี้

• 너는 이 의견을 어떻게 생각해?

คุณ คิด อย่างไร กับ ความเห็น นี้

태국 사람들은 이렇게 먹는다!

태국 음식은 중국, 인도 음식의 영향과 태국만의 독특한 향신료가 결합이 되어 다양한 음식으로 발전해왔다. 95%가 불교신자이기 때문에 식생활에서도 불교의 영향을 볼 수 있는데 상당수의 태국인들은 붉은 고기보다는 생선이나 닭고기를 선호한다. 또한 태국 양념과 소스는 맵고 짠 자극적인 맛으로 주를 이루어 싱거운 음식을 따로 부르는 단어가 있을 정도로 심심한 맛을 선호하지 않는다. 짠맛, 단맛, 매운맛, 신맛, 쓴맛을 모두 함께 즐기는 것을 좋아하기 때문에 주문할 때도 맛의 균형을 위해 다양한 음식들을 동시에 주문한다. 아침과 점심은 간단히 먹는 편이며 저녁식사 시간에는 다 같이 모여 오랫동안 식사를 한다. 많은 음식을 차려 놓고 둥글게 앉아 각자 접시에 덜어 먹는 것이 태국식 식문화로 혼자 식사를 하면 불운이 온다고 믿기 때문에 항상 가족이나 친구들과 함께 먹는다. 이런 문화로 말미암아 전반적으로 태국 사람들은 사교성이 좋다.

현지인처럼 주문하기!

태국 음식은 수백 가지가 넘는 향신료로 화려하고 풍성한 맛의 향연이 펼쳐진다. 고추, 레몬그라스, 그리고 고수 (태국어로는 팍치) 등이 대표적이라 할 수 있는데 간혹 우리에게는 낯선 향신료가 들어가기 때문에 주문할 때 미리 말을 해두는 것이 좋다. 예를 들어 고수를 원하지 않을 때는 '마이 싸이 팍치 카/크랍' 즉 '고수를 넣지 마세요' 라고 말할 수 있다.

또한 태국에서는 집밥보다 밖에서 먹는 것이 더 저렴하고 편리하기 때문에 외식 문화가 굉장히 발달해있다. 즉 모든 음식은 물론 남은 음식 또한 포장 할 수 있는데 음식 종류에 따라 상자나 봉투에 구분하여 담아준다. "포장해주세요" 를 태국어로 "싸이퉁 카/크랍" 이라 말하면 된다. 저녁 나절이면 다양한 음식을 손잡이에 매달고 달려가는 수많은 오토바이를 볼 수 있다.

핫플레이스 태국 여행

푸켓 DAY1

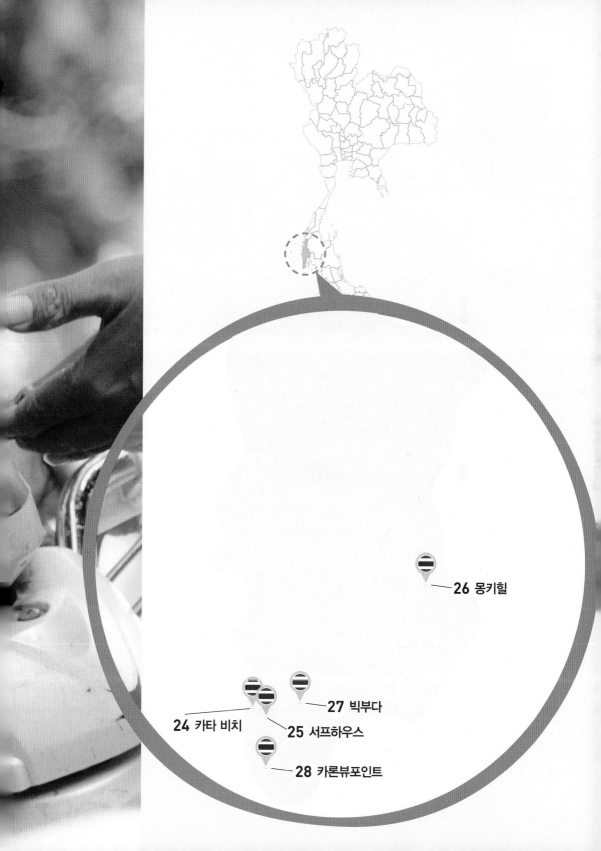

26 몽키힐

27 빅부다

24 카타 비치

25 서프하우스

28 카론뷰포인트

카타 비치 (หาดกะตะ)

➡ 오늘 배울 표현은 ~ 느끼다

푸켓의 3대 비치 중에 하나인 카타 비치는 북적이는 빠통 비치 보다는 조용하고 까론 비치보다는 활기를 띠는 해변으로 파란 바다와 함께 휴양을 즐기기에 가장 적합하다. 둥근 모양의 해변으로 하얀 모래가 곱고 단단하며 해변가를 따라 줄지어 서있는 야자수의 풍경은 우리가 상상하는 여유로운 휴양지의 모습을 그대로 갖추고 있다. 해변 자체가 워낙 깨끗하여 조깅이나 서핑을 즐기는 사람 그리고 가족단위에 여행객들이 몰린다. 해변을 따라 근사한 레스토랑과 라운지들이 있으며 카타 비치 선셋을 볼 수 있는 멋진 장소들이 곳곳에 숨어있다.

미리보기

어떤 대화를 하는지 먼저 살펴볼까요?

 원어민의 음성을
들어보세요.

Thailand_24.mp3

1

A : วันนี้ ไปเที่ยว ชายหาด กับ ผม ไหม
완니- 빠이티-야우 차-이핫- 깝 폼 마이

B : ไม่ได้
마이다-이

2

A : ทำไม ยุ่ง เหรอ
탐마이 융 르ㅓ-

B : ฉัน รู้สึก ไม่ ดี
찬 루-쓱 마이 디-

3

A : กิน ยา ก่อน ดูแล ตัวเอง
낀 야 꺼-ㄴ 두-래 뚜-아엥

ต้องการ อะไร จาก ร้านขายยา ไหม
떵-깐- 아라이 짝 란-카-이야- 마이

B : ไม่เป็นไร อยาก นอน ทั้งวัน
마이뻰라이 야-ㄱ 너-ㄴ 탕완

แล้ว ฉัน ก็ จะ ดี ขึ้น
래-우 찬 꺼- 짜 디- 큰

⭐ WORD

ยุ่ง 바쁘다 융	**ยา** 약 야-	**ตัวเอง** 자기, 자신 뚜-아엥
ร้านขายยา 약국 란-카-이야-	**นอน** 눕다 너-ㄴ	**ทั้งวัน** 하루 종일 탕완

실전여행

대화한 내용을 떠올리며
원어민의 음성을 듣고 태국어로 말해보세요.

tip 00

» จาก은 '~에서, ~부터'라는 뜻으로 장소,
짝-
사람, 방향 앞에 위치할 수 있다.

ex 바다에서부터 가깝다 ใกล้ จาก ชายหาด
끌라이 짝- 차-이핫-

» ก่อน은 '먼저, 미리, ~전에'를 뜻한다.
껀-
단, 동사나 시간 앞에 올 경우 '~전에'라

해석하고 뒤에 위치하면 '먼저'라고 해석한다.

ex 눕기 전에   ก่อน นอน
껀- 넌-

먼저 눕다   นอน ก่อน
넌- 껀-

» ขึ้น은 '타다, 오르다' 뜻 이외에
큰
'좀 더 ~해지다'라는 의미도 있다.

ex 좋아지다 ดี ขึ้น
디- 큰
이뻐지다 สวย ขึ้น
쑤-아이 큰

1

A : 완니- 빠이티-야우 차-이핫-
깝 폼 마이

B : 마이다-이

2

A : 탐마이 융 르ㅓ-

B : 찬 루-쓱 마이 디-

3

A : 낀 야- 껀- 두-래- 뚜-아엥-
떵-깐- 아라이 짝- 란-카-이야-
마이

B : 마이뻰라이 약- 넌- 탕완
래-우 찬 꺼-짜 디- 큰

1

A : วันนี้ ไปเที่ยว ชายหาด กับ ผม ไหม

B : ไม่ได้

2

A : ทำไม ยุ่ง เหรอ

B : ฉัน รู้สึก ไม่ ดี

3

A : กิน ยา ก่อน ดูแล ตัวเอง ต้องการ อะไร จาก ร้านขายยา ไหม

B : ไม่เป็นไร อยาก นอน ทั้งวัน แล้ว ฉัน ก็ จะ ดี ขึ้น

1

A : 오늘 나랑 바닷가 놀러 갈래?

B : 못 갈 것 같아.

2

A : 왜? 바쁜 거야?

B : 몸이 별로 안 좋은 것 같아.

3

A : 약 먼저 먹어. 몸 좀 챙겨.
약국에서 필요한 거라도 있어?

B : 괜찮아. 하루 종일 누워있고 싶어.
그러면 좋아질 거야.

รู้สึก
루–쓱

~ 느끼다

- **รู้สึก ปวดหัว**
  루–쓱　　뿌–앗후아

  두통이 있는 것 같아.

- **รู้สึก เป็นหวัด**
  루–쓱　　　　뺀왓

  감기 걸린 것 같아.

- **มัน ทำให้ ฉัน รู้สึก มี อำนาจ**
  만　　 탐하이 　 찬 　 루–쓱 　 미– 　 암낫–

  그것은 내가 힘을 가지고 있음을 느끼도록 만든다.

- **มัน ทำให้ ฉัน รู้สึก ประทับใจ**
  만　　 탐하이 　 찬 　 루–쓱 　 쁘라탑짜이

  그것은 내가 감동을 느끼도록 만든다.

- **รู้สึก ว่า ฉัน ดู แก่**
  루–쓱　 와– 　 찬 　 두– 　 깨–

  나 늙어 보이는 것 같아.

Point 1 รู้สึก은 신체가 받는 느낌이나 혹은 어떠한 생각이 떠오를 때 사용한다. 문장마다 다양하게 해석할 수
루-쓱
있는데 보통 '~ 느낌이 든다, ~생각이 든다'라 해석할 수 있다.

Point 2 รู้สึก + (명사/동사/형용사) = (명사/동사/형용사)라 느낀다
루-쓱

รู้สึก ว่า + (주어+동사) = (주어+동사)라 느낀다
루-쓱 와-

STEP 2. 제시된 단어를 활용하여 직접 써보기

- **ปวดหัว** 머리가 아프다. 두통 · **เป็นหวัด** 감기에 걸리다 · **อำนาจ** 힘. 권한
  뿌-앗후아　　　　　　　　　　　　뻰왓　　　　　　　　　　　　암낫-

- **แก่** 늙다. 나이가 많다 · **ประทับใจ** 감탄하다. 감동하다
  깨-　　　　　　　　　쁘라탑짜이

- 두통이 있는 것 같아.

  รู้สึก ปวดหัว

- 감기 걸린 것 같아.

  รู้สึก เป็นหวัด

- 그것은 내가 힘을 가지고 있음을 느끼도록 만든다.

  มัน ทำให้ ฉัน รู้สึก มี อำนาจ

- 그것은 내가 감동을 느끼도록 만든다.

  มัน ทำให้ ฉัน รู้สึก ประทับใจ

- 나 늙어 보이는 것 같아.

  รู้สึก ว่า ฉัน ดู แก่

25 서프 하우스 (Surf House Phuket)

➡️ 오늘 배울 표현은 ~ 바라다

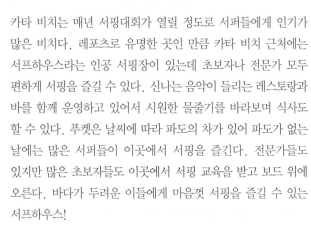

카타 비치는 매년 서핑대회가 열릴 정도로 서퍼들에게 인기가 많은 비치다. 레포츠로 유명한 곳인 만큼 카타 비치 근처에는 서프하우스라는 인공 서핑장이 있는데 초보자나 전문가 모두 편하게 서핑을 즐길 수 있다. 신나는 음악이 들리는 레스토랑과 바를 함께 운영하고 있어서 시원한 물줄기를 바라보며 식사도 할 수 있다. 푸켓은 날씨에 따라 파도의 차가 있어 파도가 없는 날에는 많은 서퍼들이 이곳에서 서핑을 즐긴다. 전문가들도 있지만 많은 초보자들도 이곳에서 서핑 교육을 받고 보드 위에 오른다. 바다가 두려운 이들에게 마음껏 서핑을 즐길 수 있는 서프하우스!

어떤 대화를 하는지 먼저 살펴볼까요?

 원어민의 음성을
들어보세요.

Thailand_25.mp3

1

A : น่า สนุก คุณ เคย โต้คลื่น ไหม
나- 싸눅 쿤 크ㅓ-이 또-큰- 마이

B : ไม่เคย เลย
마이크ㅓ-이 르ㅓ-이

2

A : ท้าทาย ตัวเอง ไม่ ต้อง แคร์ คนอื่น
타-타-이 뚜아엥- 마이 떵- 개- 콘은-

B : แต่ คิด ว่า มัน ยาก เกินไป
때- 킷 와- 만 약- 끄ㅓㄴ-빠이

3

A : ไม่ ลอง ไม่ รู้ ขอให้ โชคดี นะ
마이 렁- 마이 루- 커-하이 촉-디- 나

B : ฉัน เป็น ผู้หญิง ที่ กล้าหาญ มาก
찬 뺀 푸-잉 티- 끌라-한- 막-

⭐ WORD

สนุก 재미있다, 즐겁다	**โต้คลื่น** 서핑하다	**ท้าทาย** 도전하다
싸눅	또-큰-	타-타-이
คนอื่น 다른 사람, 타인	**ผู้หญิง** 여자	**กล้าหาญ** 용감하다
콘은-	푸-잉	끌라-한-

173

실전여행

대화한 내용을 떠올리며
원어민의 음성을 듣고 태국어로 말해보세요.

» แคร์는 영어의 'Care'를 태국어 발음으로
캐-
말하는 것으로 '신경쓰다, 돌보다'라는

뜻이다.

» โชคดี는 '행운'이라는 뜻으로 서로 헤어질 때
촉-디-
하는 인사 중에 하나다.

ex 행운을 있기를! โชคดี นะ
촉-디- 나

» เกินไป는 '지나치게~하다'라는 뜻으로 동사 /
끄ㅓㄴ-빠이
형용사 뒤에 위치한다. 비슷한 표현으로

มากไป가 있다.
막-빠이

TIP 둘 다 동일한 뜻이지만 단어나 문장에
따라 서로 달리 위치할수 있다.

ex 몹시 위험하다　　　อันตราย เกินไป
안따라-이 끄ㅓㄴ-빠이

과도하게 신경 쓴다　แคร์ มากไป
캐-　막-빠이

1

A : 나- 싸늑
　　쿤 크ㅓ-이 또-큰- 마이

B : 마이크ㅓ-이 르ㅓ-이

2

A : 타-타-이 뚜-아엥-
　　마이 떵- 캐- 콘은-

B : 때- 킷 와- 만 약- 끄ㅓㄴ-빠이

3

A : 마이 렁- 마이 루-
　　커-하이 촉-디- 나

B : 찬 뻰 푸-잉 티- 끌라-한- 막-

1

A : น่า สนุก
คุณ เคย โต้คลื่น ไหม

B : ไม่เคย เลย

1

A : 재밌어 보인다.
서핑 타본 적 있어?

B : 한 번도 없어.

2

A : ท้าทาย ตัวเอง
ไม่ ต้อง แคร์ คนอื่น

B : แต่ คิด ว่า มัน ยาก
เกินไป

2

A : 한번 도전해봐.
다른 사람들 신경 쓸 필요 없어.

B : 그런데 너무 어려울 것 같아.

3

A : ไม่ ลอง ไม่ รู้
ขอให้ โชคดี นะ

B : ฉัน เป็น ผู้หญิง ที่
กล้าหาญ มาก

3

A : 해보지 않으면 모르겠지.
행운을 빌게.

B : (혼잣말) 난 정말 용감한 여자다!

175

ขอให้
커-하이

~ 바라다

STEP 1. 성조 보고 말해보기

- ขอให้ สนุก นะ
  커-하이 ' 싸눅 나

  재밌게 놀기를 바랄게(= 재밌게 놀아).

- ขอให้ สนุก ใน วันเกิด นะ
  커-하이 싸눅 나이 완끄ㅓㅅ- 나

  즐거운 생일 보내기를 바랄게(= 즐거운 생일 보내).

- ขอให้ สนุก ใน วันหยุด นะ
  커-하이 싸눅 나이 완윳 나

  즐거운 휴일 보내기를 바랄게(=즐거운 휴일 보내).

- ขอให้ หาย นะ
  커-하이 하-이 나

  회복되기를 바랄게.

- ขอให้ ธุรกิจ เจริญ นะ
  커-하이 투라낏 짜르ㅓㄴ- 나

  사업이 번창하기를 바랄게.

STEP 2. 제시된 단어를 활용하여 직접 써보기

วันเกิด 생일 완끄ㅓ스-	**วันหยุด** 휴일 완욷	**หาย** 병이 낫다, 회복하다 하-이
ธุรกิจ 사업 투라낏	**เจริญ** 번창하다, 번영하다 짜르ㅓㄴ-	

- 재밌게 놀기를 바랄게(= 재밌게 놀아).

ขอให้ สนุก นะ

- 즐거운 생일 보내기를 바랄게(= 즐거운 생일 보내).

ขอให้ สนุก ใน วันเกิด นะ

- 즐거운 휴일 보내기를 바랄게(=즐거운 휴일 보내).

ขอให้ สนุก ใน วันหยุด นะ

- 회복되기를 바랄게.

ขอให้ หาย นะ

- 사업이 번창하기를 바랄게.

ขอให้ ธุรกิจ เจริญ นะ

26

몽키힐 (Monkey Hill Viewpoint)
오늘 배울 표현은 ~ **두렵다**

몽키힐은 푸켓에서 가장 높은 언덕이자 원숭이를 볼 수 있는 명소이다. 주변에 원숭이 먹이를 파는 상인들이 있어 먹이를 구입할 수 있지만 자칫 원숭이들에게 빼앗길 수 있으니 꼭 주머니나 가방에 넣어 놓고 하나씩 꺼내야 한다. 정상으로 가까워질수록 원숭이 수가 많아지며 뷰포인트까지 있어 탁 트인 푸켓시내를 한눈에 볼 수 있다. 언덕으로 가는 길에는 TV와 라디오 방송국이 있으며, 현지인들이 좋아하는 조깅 장소이기도 하다. 언덕이 길지는 않지만 경사도가 높아 왕복 두 시간 정도가 걸린다. 종종 원숭이들이 가방에 매달리거나 소지품을 가지고 가는 경우가 있으니 주의하자.

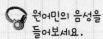 어떤 대화를 하는지 먼저 살펴볼까요?

 원어민의 음성을 들어보세요.

Thailand_26.mp3

1 A : มี ลิง อยู่ ที่นี่ เยอะ ครับ
미- 링 유- 티-니- 어 크랍

B : กี่ ตัว นะ คะ ดุ ไหม คะ
끼- 뚜-아 나 카 두 마이 카

2 A : ประมาณ 400 ตัว อยู่ ครับ
쁘라만- 씨-러-이 뚜-아 유- 크랍

คุณ กลัว เหรอ ครับ
쿤 끌루아 러- 크랍

B : เพราะว่า ผู้ชาย คน นั้น กลัว สัตว์
프러와- 푸-차-이 콘 난 끌루아 쌋

มาก ค่ะ
막- 카

3 A : ไม่ ต้อง กลัว นะ ครับ
마이 떵- 끌루아 나 크랍

B : แต่ ดูเหมือนว่า ลิง ฉลาด มาก ค่ะ
때- 두-므-안와- 링 찰랏 막- 카

⭐ WORD

ลิง 원숭이 링	**ตัว** 마리, 몸 뚜-아	**ดุ** 사납다, 험악하다 두
ผู้ชาย 남자 푸-차-이	**สัตว์** 동물 쌋	**ฉลาด** 똑똑하다, 머리가 좋다 찰랏-

실전여행

대화한 내용을 떠올리며
원어민의 음성을 듣고 태국어로 말해보세요.

» 그 남자/여자, 이 남자/여자처럼 남자,

여자를 정확하게 지칭할 때는 **คน** '사람'을
콘

붙여 말한다.

ⓔ 남자   **ผู้ชาย**
푸–차–이

이 남자   **ผู้ชาย คน นี้**
푸–차–이 콘 니–

» **เพราะว่า**는 '왜냐하면'이라는 뜻이다.
프러와–

• **เพราะ** + (명사)

ⓔ 너 때문에   **เพราะ คุณ**
프러 쿤

• **เพราะว่า** + (주어+동사)

ⓔ 왜냐하면 나는 무섭기 때문이다

     เพราะว่า ผม กลัว
프러와– 폼 끌루아

1

A : 미– 링 유– 티–니– 여 크랍

B : 끼– 뚜–아 나 카
두 마이 카

2

A : 쁘라만– 씨–러–이 뚜–아 유– 크랍
쿤 끌루아 르 ̌ – 크랍

B : 프러와– 푸–차–이 콘 난
끌루아 쌋 막– 카

3

A : 마이 떵– 끌루아 나 크랍

B : 때– 두–므–안와– 링 찰랏– 막– 카

1

A : มี ลิง อยู่ ที่นี่ เยอะ ครับ

B : กี่ ตัว นะ คะ

ดู ไหม คะ

2

A : ประมาณ 400 ตัว อยู่ ครับ

คุณ กลัว เหรอ ครับ

B : เพราะว่า ผู้ชาย คน นั้น

กลัว สัตว์ มาก ค่ะ

3

A : ไม่ ต้อง กลัว นะ ครับ

B : แต่ ดูเหมือนว่า ลิง ฉลาด

มาก ค่ะ

1

A : 여기는 원숭이들이 많아요.

B : 몇 마리 정도가 있나요?

사나워요?

2

A : 대략 400마리 정도가 있지요.

무서워서 그런가요?

B : 왜냐하면 그 남자는 동물이 많이 무섭나
봐요.

3

A : 두려워하지 않아도 돼요.

B : 그런데 원숭이들이 많이 영리해보이는
것 같아요.

กลัว
끌루아

~ 두렵다

STEP 1. 성조 보고 말해보기

- **ผม กลัว ผอม**

  폼 　끌루아 　펌－

  나는 마를까봐 두렵다.

- **ผม กลัว อ้วน**

  폼 　끌루아 　우－안

  나는 살이 찔까 두렵다.

- **ผม กลัว ผู้ชาย คน นั้น ที่ ขึ้นเสียง**

  폼 　끌루아 　푸－차－이 　콘 　난 　티－ 　큰씨－양

  나는 소리지르는 그 남자가 두렵다.

- **ใคร ไม่ กลัว สงคราม**

  크라이 　마이 　끌루아 　쏭크람－

  누가 전쟁을 두려워하지 않아?

- **ใคร ไม่ กลัว ตาย**

  크라이 　마이 　끌루아 　따－이

  누가 죽는 것을 두려워하지 않아?

Point 1 กลัว는 '~ 두렵다, 무섭다, 염려되다'라는 뜻으로 해석할 수 있다.
끌루아

Point 2 น่ากลัว는 형용사로 '무서운, 겁나는'이라는 뜻이지만 종종 '무섭다, 겁난다'와 같이 동사 형태로도
나-끌루아
사용할 수 있다.

STEP 2. 제시된 단어를 활용하여 직접 써보기

- **ผอม** 마르다, 날씬하다, 여위다
  퍼ㅁ-
- **อ้วน** 살찌다, 뚱뚱하다
  우-안
- **ขึ้นเสียง** 소리 지르다
  큰씨-앙
- **สงคราม** 전쟁
  쏭크람-
- **ตาย** 죽다, 사망하다
  따-이

- 나는 마를까봐 두렵다.

ผม กลัว ผอม

- 나는 살이 찔까 두렵다.

ผม กลัว อ้วน

- 나는 소리지르는 그 남자가 두렵다.

ผม กลัว ผู้ชาย คน นั้น ที่ ขึ้นเสียง

- 누가 전쟁을 두려워하지 않아?

ใคร ไม่ กลัว สงคราม

- 누가 죽는 것을 두려워하지 않아?

ใคร ไม่ กลัว ตาย

27

빅부다 (พระพุทธมิ่งมงคลเอกนาคคีรี)

▶ 오늘 배울 표현은 ~할 때까지

산꼭대기에 위치하여 푸켓 어디서든 볼 수 있는 불상 빅부다! 높이가 45m로 사진 속에 한번에 담기도 힘든 크기이다. 내부는 철근 콘크리트로 되어있고 겉은 하얀 대리석으로 덮혀 있는데 그 대리석은 수많은 사람의 소망과 기도를 담은 조각들로 하나하나 모여 거대한 부처상의 모습으로 완성된 것이다. 웅장한 아우라를 뿜으며 아래를 바라보고 있는 부처의 표정은 너무나도 평온해 보인다. 푸켓의 일몰과 일출을 감상하기에 더없이 좋은 곳으로 해가 저무는 때에 가장 멋진 풍경을 볼 수 있다. 빅부다 앞으로 붉게 물드는 푸켓의 광경만으로도 아름다운데, 그러한 푸켓을 바라보고 있는 부처의 모습은 묘한 기분까지 들게 한다.

어떤 대화를 하는지 먼저 살펴볼까요?

 원어민의 음성을
들어보세요.

Thailand_27.mp3

1

A : คุณ ภาวนา เรื่อง อะไร
쿤　파-와나-　르-앙　아라이

B : แน่นอน มัน เป็น ความลับ
내-넌-　만　뻰　쾀-랍

2

A : ฉัน ภาวนา ขอให้ เรา มีความสุข
찬　파-와나-　커-하이　라오　미-쾀-쑥

B : ที่จริงแล้ว ผม ก็ เกือบ จะ ภาวนา
티-찡래-우　폼　꺼-　끄-압　짜　파-와나-

เหมือนกัน
므-안깐

3

A : เรา มี เวลา เหลือ แค่ไหน
라오　미-　웰-라-　르-아　캐-나이

B :มี 15 นาที จนกว่า รถ จะ มา
미-　씹하-　나-티-　쫀꽈-　롯　짜　마-

⭐ WORD

ภาวนา 기도하다 파-와나-	**เรื่อง** ~에 대해, 일, 사정 르-앙	**ความลับ** 비밀 쾀-랍
เหลือ 남다 르-아	**แค่ไหน** 어느 정도 캐-나이	**รถ** 자동차 롯

tip 00

» **เกือบ จะ**는 '하마터면, 거의 ~할뻔하다'
끄_압 짜

라는 뜻이다.

ex 거의 잊을 뻔하다 **เกือบ จะ ลืม**
끄_압 짜 르음_

거의 남을 뻔하다 **เกือบ จะ เหลือ**
끄_압 짜 르_아

» **แค่ไหน**는 '어느 정도'를 뜻하며 정도에
캐_나이

대해 묻거나 말할 때 사용한다.

ex 얼마큼 가까워? **ใกล้ แค่ไหน**
끌라이 캐_나이

얼마나 길어? **ยาว แค่ไหน**
야_우 캐_나이

STEP 1. 성조 보고 태국어로 말해보기

1

A : 쿤 파_와나_ 르_앙 아라이

B : 내_넌_ 만 뻰 콤_랍

2

A : 찬 파_와나_ 커_하이 라오
미_콤_쑥

B : 티_찡래_우 폼 꺼_ 끄_압
짜 파_와나_ 므_안깐

3

A : 라오 미_ 웰_라_ 르_아 캐_나이

B : 미_ 씹하_ 나_티_ 쫀꽈_ 롯 짜 마_

1

A : คุณ ภาวนา เรื่อง อะไร

B : แน่นอน มัน เป็น ความลับ

1

A : 무엇에 대해 기도했어?

B : 당연히 비밀이지.

2

A : ฉัน ภาวนา ขอให้ เรา มีความสุข

B : ที่จริงแล้ว ผม ก็ เกือบ จะ ภาวนา เหมือนกัน

2

A : 나는 우리가 행복하게 해달라고 기도했어.

B : 사실 나도 거의 비슷한 걸 기도하려고 했어.

3

A : เรา มี เวลา เหลือ แค่ไหน

B : มี 15 นาที จนกว่า รถ จะ มา

3

A : 우리 시간이 어느 정도 남았지?

B : 차가 오기까지 15분 정도 남았어.

จนกว่า   ~할 때까지
쫀꽈-

· ฉัน จะ ทำ จนกว่า คุณ จะ แพ้
   찬   짜   탐   쫀꽈-   쿤   짜   패-

나는 네가 질 때까지 할 것이다.

· ฉัน จะ รอ จนกว่า จะ เป็น คนรวย
   찬   짜   리-   쫀꽈-   짜   뻰   콘루-아이

나는 부자가 될 때까지 기다릴 것이다.

· ฉัน จะ รอ จนกว่า อาจารย์ จะ มา
   찬   짜   리-   쫀꽈-   아-짠-   짜   마-

나는 교수님이 올 때까지 기다릴 것이다.

· ฉัน จะ รอ จนกว่า รถ จะ จอด
   찬   짜   리-   쫀꽈-   롯   짜   쩟-

나는 차가 멈출 때까지 기다릴 것이다.

· ฉัน จะ ภาวนา จนกว่า จะ สำเร็จ
   찬   짜   파-와나-   쫀꽈-   짜   쌈렛

나는 성공할 때까지 기도할 것이다.

Point 1 จนกว่า는 (주어+동사) 문장 앞에 위치하여 '~(주어+동사)할 때까지, ~에 이를 때까지'라는 의미를
쫀꽈–
나타낸다.

Point 2 จน + (명사) = (명사)까지 **ex** 끝까지, 아침까지, 밤까지
쫀

- **แพ้** 지다, 패하다   · **คนรวย** 부자   · **อาจารย์** 교수님
  패–   콘루–아이   아–짠–

- **จอด** 멈추다, 주차하다   · **สำเร็จ** 성공하다
  쩟–   쌈렛

- 나는 네가 질 때까지 할 것이다.

  ฉัน จะ ทำ จนกว่า คุณ จะ แพ้

- 나는 부자가 될 때까지 기다릴 것이다.

  ฉัน จะ รอ จนกว่า จะ เป็น คนรวย

- 나는 교수님이 올 때까지 기다릴 것이다.

  ฉัน จะ รอ จนกว่า อาจารย์ จะ มา

- 나는 차가 멈출 때까지 기다릴 것이다.

  ฉัน จะ รอ จนกว่า รถ จะ จอด

- 나는 성공할 때까지 기도할 것이다.

  ฉัน จะ ภาวนา จนกว่า จะ สำเร็จ

28 카론뷰포인트 (จุดชมวิวกะรน)

오늘 배울 표현은 ~ 조심해

해질녘 오토바이들이 향하는 곳으로 따라가다 보면 카론비치와 카타비치를 한눈에 볼 수 있는 카론뷰포인트에 도착한다. 맑은 날씨에 가야 최고의 사진을 찍을 수 있지만 비가 와도 운치 있는 풍경을 담을 수 있다. 뷰포인트까지 그늘 한점 없는 오르막길이니 꼭 자동차나 스쿠터를 타고 갈 것! 주차 공간은 충분히 있으며 근처에는 노점과 정자가 있어 더위를 식히기에 좋다. 이곳의 묘미는 바로 구운 코코넛! 구웠기에 코코넛향이 훨씬 더 강하고 구수한 맛을 느낄 수 있다. 정자에 앉아 시원한 코코넛을 마시며 멋진 뷰를 감상해보자.

원어민의 음성을 들어보세요.

Thailand_28.mp3

1

A : ไป ไหน มา
　　빠이　나이　마-

B : ฉัน เช่า รถ มา
　　찬　차오　롯　마-

2

A : คุณ มี แผน แล้ว ไหม
　　쿤　미-　팬　래-우　마이

B : วันนี้ เป็น วันเสาร์อาทิตย์
　　완니-　뺀　완싸오아-팃

ฉัน จะ ไป จุดชมวิว กับ พ่อแม่
　　찬　짜　빠이　쭛촘위우　깝　퍼-매-

3

A : ขับรถ ดีๆ นะ ฝน จะ ตก ทีหลัง
　　캅롯　디-디-　나　폰　짜　똑　티-랑

B : ฉัน จะ ระวัง
　　찬　짜　라왕

⭐ WORD

เช่า 빌리다, 임대하다 차오	**(วาง)แผน** 계획(하다) (왕-)팬-	**วันเสาร์อาทิตย์** 주말 완싸오아-팃
จุดชมวิว 뷰포인트 쭛촘위우	**ขับรถ** 운전하다 캅롯	**ทีหลัง** 이따가, 이후에 티-랑

대화한 내용을 떠올리며
원어민의 음성을 듣고 태국어로 말해보세요.

tip
00

» พ่อ는 '아빠'를 แม่는 '엄마'를 뜻하는데
  퍼-   매-
  둘의 단어가 합쳐져 '부모님' พ่อแม่가 된다.
                              퍼-매-
  앞에 คุณ을 위치하여 높여 부를 수 있다.
       쿤

  ⓔⓧ 어머니   คุณแม่
               쿤매-

      아버지   คุณพ่อ
               쿤퍼-

» ฝน ตก은 '비가 내리다'를 의미한다.
  폰 똑

  ⓔⓧ 비가 내리는 중이다   ฝน กำลัง ตก
                        폰 깜랑 똑

     비가 내리지 않는다   ฝน ไม่ ตก
                       폰 마이 똑

1

A : 빠이 나이 마-

B : 찬 차오 롯 마-

2

A : 쿤 미- 팬- 래-우 마이

B : 완니- 뻰 완싸오아-팃
   찬 짜 빠이 쯧촘위우 깝 퍼-매-

3

A : 깝롯 디-디- 나
   폰 짜 똑 티-랑

B : 찬 짜 라왕

1

A : ไป ไหน มา

B : ฉัน เช่า รถ มา

1

A : 어디 갔다 와?

B : 차 빌려왔어.

2

A : คุณ มี แผน แล้ว ไหม

B : วันนี้ เป็น วันเสาร์อาทิตย์
ฉัน จะ ไป จุดชมวิว กับ
พ่อแม่

2

A : 계획이라도 있는 거야?

B : 오늘 주말이니까 부모님 모시고 뷰포인트
갈 계획이야.

3

A : ขับรถ ดีๆ นะ
ฝน จะ ตก ทีหลัง

B : ฉัน จะ ระวัง

3

A : 운전 잘하고!
이따가 비가 올 거야.

B : 조심할게.

193

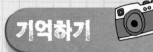

ระวัง
라왕

~ 조심해

STEP 1. 성조 보고 말해보기

- ระวัง บันได
  라왕   반다이

  계단 조심해.

- ระวัง โจร
  라왕   쫀–

  도둑 조심해.

- ระวัง การกระทำ
  라왕   깐–끄라탐

  행동 조심해.

- ระวัง ลื่น
  라왕   른–

  미끄러우니까 조심해.

- ระวัง หกล้ม
  라왕   혹롬

  넘어지니까 조심해.

STEP 2. 제시된 단어를 활용하여 직접 써보기

บันได 계단
반다이

โจร 도둑, 절도범
쫀-

การกระทำ 행동
깐-끄라탐

ลื่น 미끌어지다
른-

หกล้ม 넘어지다
혹롬

• 계단 조심해.

ระวัง บันได

• 도둑 조심해.

ระวัง โจร

• 행동 조심해.

ระวัง การกระทำ

• 미끄러우니까 조심해.

ระวัง ลื่น

• 넘어지니까 조심해.

ระวัง หกล้ม

핫플레이스 태국 여행

푸켓 DAY2

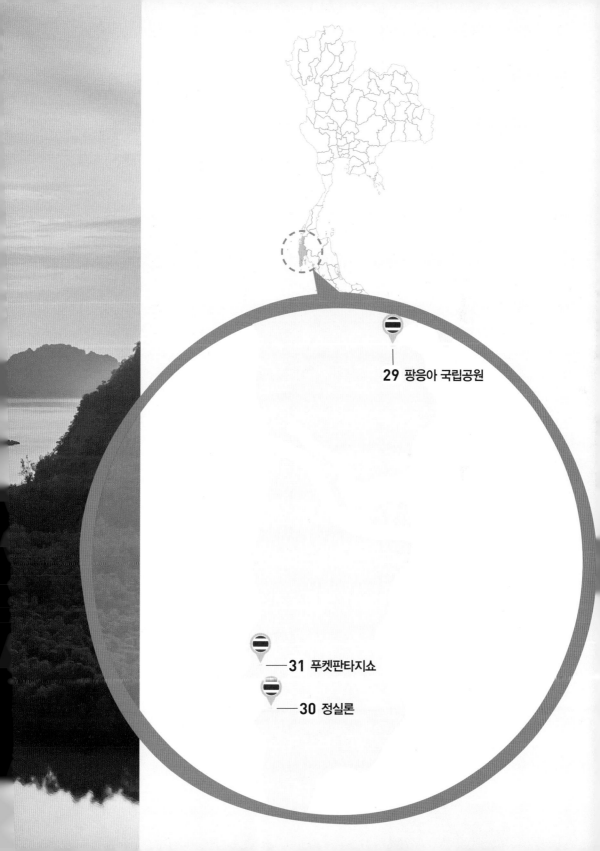

29 팡응아 국립공원 (อุทยานแห่งชาติอ่าวพังงา)

▶ 오늘 배울 표현은 **아무리 ~하더라도**

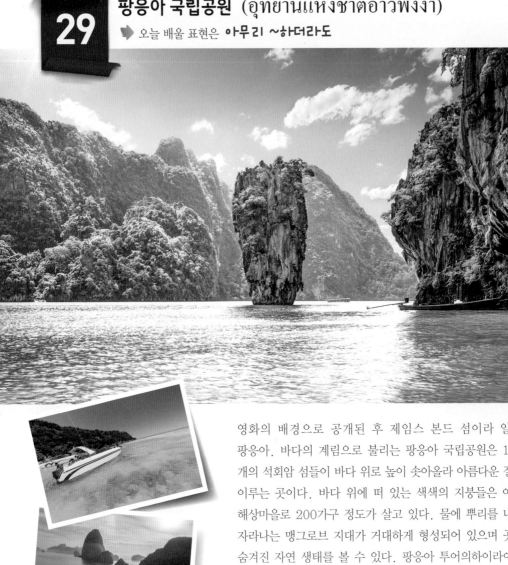

영화의 배경으로 공개된 후 제임스 본드 섬이라 알려진 팡응아. 바다의 계림으로 불리는 팡응아 국립공원은 120여 개의 석회암 섬들이 바다 위로 높이 솟아올라 아름다운 절경을 이루는 곳이다. 바다 위에 떠 있는 색색의 지붕들은 이슬람 해상마을로 200가구 정도가 살고 있다. 물에 뿌리를 내리고 자라나는 맹그로브 지대가 거대하게 형성되어 있으며 곳곳에 숨겨진 자연 생태를 볼 수 있다. 팡응아 투어의 하이라이트는 바로 카누를 타고 절경 지대를 누비는 것인데 바위섬의 비좁은 공간을 지나면 선녀들의 공간인 듯한 비밀장소를 마주하게 된다.

어떤 대화를 하는지 먼저 살펴볼까요?

 원어민의 음성을
들어보세요.

Thailand_29.mp3

1 A : ทุกคน จะ ต้อง ตกตะลึง ใน ไม่ช้า
툭콘　　짜　떵-　　똑따릉　　나이　마이차-

ครับ
크랍

B : เรา กำลัง หลับ ตา ค่ะ
라오　깜랑　　랍　따-　카

2 A : ทาง นี้ แคบ มาก ครับ
탕-　니-　캡　막-　크랍

B : ต้อง เอน หลัง ใช่มั้ย คะ
떵-　엔-　랑　차이마이　카

3 A : ใช่ ครับ ถึง ทาง จะ แคบ ทุกคน
차이　크랍　통-　탕-　짜　캡-　툭콘

ก็ ต้อง เห็น นี่ ครับ
꺼-　떵-　헨-　니-　크랍

B : สวย จริงๆ ค่ะ มัน เป็นไปไม่ได้ ค่ะ
쑤-아이　찡찡　카　만　뻰빠이마이다-이　카

⭐ WORD

ไม่ช้า 곧 마이차-	**หลับ** (눈을)감다 랍	**ตา** 눈 따-
ทาง 길, 방향, 통로 탕-	**แคบ** 비좁다 캡	**เอน (หลัง)** (뒤로)기대다 엔-(랑)

실전여행

대화한 내용을 떠올리며
원어민의 음성을 듣고 태국어로 말해보세요.

» ตกตะลึง은 '경악하다, 놀라다'라는 의미이다.
　똑따릉

» เห็น은 '보다'라는 뜻이다.
　헨
　➕ ดู와 เห็น의 차이
　　루-　헨

　ดู = 영화나 티비를 시청할 때 사용한다.
　루-
　　ex 영화를 볼 것이다 จะ ดู หนัง
　　　　　　　　　　　짜 루- 낭
　เห็น = 단지 눈으로만 볼 때 사용한다.
　헨
　　ex 내가 보여? เห็น ผม ไหม
　　　　　　　헨　폼　마이

» เป็นไปไม่ได้는 '불가능하다, 있을 수 없는
　뻰빠이마이다-이
　일이다'를 의미한다.

STEP 1. 성조 보고 태국어로 말해보기

1

A : 툭콘　짜 떵-　똑따릉
　　나이　마이차-　크랍

B : 라오　깜랑　랍 따-　카

2

A : 탕-　니-　캅-　막-　크랍

B : 떵-　엔-　랑　차이마이 카

3

A : 차이 크랍　틍　탕-　짜 캅-
　　툭콘　꺼-　떵-헨 니-　크랍

B : 쑤-아이　찡찡 카
　　만 뻰빠이마이다-이 카

1

A : ทุกคน จะ ต้อง ตกตะลึง
ใน ไม่ช้า ครับ

B : เรา กำลัง หลับ ตา ค่ะ

1

A : 여러분은 곧 깜짝 놀라게 될 거예요.

B : 저희는 이미 눈을 감고 있어요.

2

A : ทาง นี้ แคบ มาก ครับ

B : ต้อง เอน หลัง ใช่มั้ย คะ

2

A : 이 통로는 많이 비좁아요.

B : 뒤로 기대야 하는 거죠(그렇죠)?

3

A : ใช่ ครับ ถึง ทาง จะ แคบ
ทุกคน ก็ ต้อง เห็น นี่ ครับ

B : สวย จริงๆ ค่ะ
มัน เป็นไปไม่ได้ ค่ะ

3

A : 맞아요. 아무리 통로가 좁더라도
여러분은 이것을 꼭 봐야 해요.

B : 정말 아름답네요.

이건 있을 수 없는 일이에요.

ถึง~ก็(จะ)... 아무리 ~하더라도

ถึง 　　 ก็-(จะ)

- ถึง เขา หล่อ ฉัน ก็ จะ ไม่ เดท กับ เขา

  ถึง 　카오 　러- 　찬 　 꺼- 　짜 　마이 　뎃- 　깝 　카오

  아무리 그가 잘 생겼을지라도 그와 데이트를 하지 않을 것이다.

- ถึง เดท ยกเลิก ฉัน ก็ จะ ยัง ไป ดู หนัง

  ถึง 　뎃- 　 욕르ㅓㄱ- 　 찬 　 꺼- 　짜 　양 　빠이 　두- 　낭

  아무리 데이트가 취소될지라도 난 여전히 영화를 보러 갈 것이다.

- ถึง เขา หล่อ ฉัน ก็ จะ ยกเลิก เดท

  ถึง 　카오 　러- 　 찬 　 꺼- 　짜 　 욕르ㅓㄱ- 　 뎃-

  아무리 그가 잘 생겼을지라도 데이트를 취소할 것이다.

- ถึง ไม่ มี ส่วนผสม ฉัน ก็ ยัง ทำ ได้

  ถึง 　마이 　미- 　 쑤-안파쏨 　 찬 　 꺼- 　양 　탐 　다-이

  재료가 없을지라도 나는 여전히 만들 수 있다.

- ถึง ไม่ มี แว่นตา ฉัน ก็ ยัง ทำ ได้

  ถึง 　마이 　미- 　 왠-따- 　 찬 　 꺼- 　양 　탐 　다-이

  안경이 없을지라도 나는 여전히 만들 수 있다.

Point 1 ถึง...ก็ 는 '아무리 ~하더라도, ~불문하고'라는 의미로 문장 앞에 위치한다.
퉁   꺼−

Point 2 미래를 표현하고자 할 때 จะ 를 결합한다.
짜

STEP 2. 제시된 단어를 활용하여 직접 써보기

- **หล่อ** 잘생기다
  러−
- **เดท** 데이트
  뗏−
- **ยกเลิก** 취소하다
  욕르ㅓ¬−
- **ส่วนผสม** 재료
  쑤−안파쏨
- **แว่นตา** 안경
  웬−따−

• 아무리 그가 잘 생겼을지라도 그와 데이트를 하지 않을 것이다.

ถึง เขา หล่อ ฉัน ก็ จะ ไม่ เดท กับ เขา

• 아무리 데이트가 취소될지라도 난 여전히 영화를 보러 갈 것이다.

ถึง เดท ยกเลิก ฉัน ก็ จะ ยัง ไป ดู หนัง

• 아무리 그가 잘 생겼을지라도 데이트를 취소할 것이다.

ถึง เขา หล่อ ฉัน ก็ จะ ยกเลิก เดท

• 재료가 없을지라도 나는 여전히 만들 수 있다.

ถึง ไม่ มี ส่วนผสม ฉัน ก็ ยัง ทำ ได้

• 안경이 없을지라도 나는 여전히 만들 수 있다.

ถึง ไม่ มี แว่นตา ฉัน ก็ ยัง ทำ ได้

30 정실론 (Jungceylon)

▶ 오늘 배울 표현은 ~을 물어보다

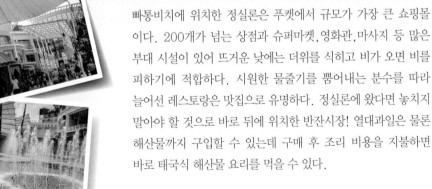

빠통비치에 위치한 정실론은 푸켓에서 규모가 가장 큰 쇼핑몰이다. 200개가 넘는 상점과 슈퍼마켓, 영화관, 마사지 등 많은 부대 시설이 있어 뜨거운 낮에는 더위를 식히고 비가 오면 비를 피하기에 적합하다. 시원한 물줄기를 뿜어내는 분수를 따라 늘어선 레스토랑은 맛집으로 유명하다. 정실론에 왔다면 놓치지 말아야 할 것으로 바로 뒤에 위치한 반잔시장! 열대과일은 물론 해산물까지 구입할 수 있는데 구매 후 조리 비용을 지불하면 바로 태국식 해산물 요리를 먹을 수 있다.

미리보기

어떤 대화를 하는지 먼저 살펴볼까요?

원어민의 음성을
들어보세요.

Thailand_30.mp3

1

A : ฝน เริ่ม ตก
폰 르ㅓㅁ- 똑

B : โทร ไป หา โรงแรม
토- 빠이 하- 롱-램-

แล้วก็ ถามว่า มี ร่ม หรือเปล่า
래-우-끄 탐-와- 미- 롬 르-빨라우

2

A : ฮัลโหล ยืม ร่ม ได้ไหม ครับ
한로- 이음- 롬 다-이마이 크랍

B : ได้ ค่ะ จะ ไป ห้าง เหรอ คะ
다-이 카 짜 빠이 항- 르ㅓ- 카

3

A : ยัง ไม่ ตัดสินใจ ครับ
양 마이 땃씬짜이 크랍

B : รอ จนกว่า ฝน หยุด ตก
러- 쫀꽈- 폰 윳 똑

นะ คะ
나 카

⭐ WORD

เริ่ม 시작하다 르ㅓㅁ-	**โรงแรม** 호텔 롱-램-	**ร่ม** 우산 롬
ห้าง 쇼핑몰 항-	**ตัดสินใจ** 정하다, 결정하다 땃씬짜이	**หยุด** 정지하다, 멈추다 윳

대화한 내용을 떠올리며
원어민의 음성을 듣고 태국어로 말해보세요.

STEP 1. 성조 보고 태국어로 말해보기

» 태국에서는 전화가 걸려오면 **ฮัลโหล**라
    한로-

  응답한다. 우리말의 '여보세요'와 같은 뜻인데

  영어의 'Hello'가 태국식 발음으로 변형 되었다.

» **โทร**는 '전화하다'라는 뜻으로
   토-

  뒤에 오는 동사에 따라 의미가 달라진다.

  • 전화를 걸다   **โทร ไป**
                  토-   빠이

  • ~에게 전화를 걸다 **โทร ไป หา~**
                  토- 빠이 하-

  • 전화가 오다   **โทร มา**
                  토-   마-

  • ~에게 전화가 오다 ~ **โทร มา หา**
                  토- 마- 하-

» **ยืม**은 '빌리다'라는 의미이다. 같은 뜻의
   이음-

  เช่า는 지불을 하여 임대를 하는 것을 뜻하고,
   차오

  ยืม은 지불없이 단순히 빌리는 개념을
   이음-

  말한다.

1

A : 폰 르ᅥ무- 똑

B : 토- 빠이 하- 롱-램- 래-우꺼-
    탐-와- 미- 롬 르-쁠라우

2

A : 한로-
    이음- 롬 다-이마이 크랍

B : 다-이 카
    짜 빠이 항- 르ᅥ- 카

3

A : 양 마이 땃씬짜이 크랍

B : 러- 쫀꽈- 폰 윳 똑 나 카

1

A : ฝน เริ่ม ตก

B : โทร ไป หา โรงแรม
แล้วก็ ถามว่า มี ร่ม
หรือเปล่า

1

A : 비가 오기 시작했어.

B : 호텔에 전화해서 우산 있는지(없는지)
물어봐.

2

A : ฮัลโหล
ยืม ร่ม ได้ไหม ครับ

B : ได้ ค่ะ
จะ ไป ห้าง เหรอ คะ

2

A : 여보세요.
우산을 빌릴 수 있을까요?

B : 가능해요.
쇼핑몰에 가시나요?

3

A : ยัง ไม่ ตัดสินใจ ครับ

B : รอ จนกว่า ฝน หยุด ตก
นะ คะ

3

A : 아직 정하지 않았어요

B : 비가 그칠 때까지 기다리세요.

ถามว่า   ~을 물어보다

탐-와-

STEP 1. 성조 보고 말해보기

- เขา ถามว่า ใคร เอา กระเป๋า ไป

카오　탐-와-　크라이　아오　끄라빠오　빠이

그는 누가 가방을 가져갔는지를 묻는다.

- เขา ถามว่า ใคร เอา ขนมปัง ไป

카오　탐-와-　크라이　아오　카놈빵　빠이

그는 누가 빵을 가지고 갔는지를 묻는다.

- เขา ถามว่า ทำไม เรา เลิกกัน

카오　탐-와-　탐마이　라오　르ㅓ윽-깐

그는 우리가 왜 헤어졌는지를 묻는다.

- เขา ถามว่า ทำไม ฉัน ไม่ มี เงินสด

카오　탐-와-　탐마이　찬　마이　미-　응언-쫏

그는 내가 왜 현금이 없는지를 묻는다.

- เขา ถามว่า ทำไม ฉัน ไม่ มี บัตรเครดิต

카오　탐-와-　탐마이　찬　마이　미-　밧크레-딧

그는 내가 왜 신용카드가 없는지를 묻는다.

Point 1 ถาม '묻다, 질문하다'와 **ว่า**가 함께 결합되어 '(주어+동사)에 대해 묻는다'라는 의미가 된다.
탐-   와-

Point 2 ถาม + 명사 = (명사)에 대해 묻는다.
탐-

- **กระเป๋า** 가방
  끄라빠오
- **ขนมปัง** 빵
  카놈빵
- **เลิกกัน** 헤어지다
  르ㅓ윽-깐
- **เงินสด** 현금
  응언-쏫
- **บัตรเครดิต** 신용카드
  밧크레-딧

• 그는 누가 가방을 가져갔는지를 묻는다.

เขา ถามว่า ใคร เอา กระเป๋า ไป

• 그는 누가 빵을 가지고 갔는지를 묻는다.

เขา ถามว่า ใคร เอา ขนมปัง ไป

• 그는 우리가 왜 헤어졌는지를 묻는다.

เขา ถามว่า ทำไม เรา เลิกกัน

• 그는 내가 왜 현금이 없는지를 묻는다.

เขา ถามว่า ทำไม ฉัน ไม่ มี เงินสด

• 그는 내가 왜 신용카드가 없는지를 묻는다.

เขา ถามว่า ทำไม ฉัน ไม่ มี บัตรเครดิต

31

푸켓판타지쇼 (ภูเก็ตแฟนตาซี)

➡ 오늘 배울 표현은 ~라고 말하다

푸켓 판타지 쇼는 태국의 건국 신화를 재현하고 태국 역사와 문화를 소개하는 쇼로서 화려한 뮤지컬에 가깝다. 3,000명을 수용할 수 있는 공연장에서는 전통 무예, 코끼리 서커스, 레이저 쇼, 마술 등이 공연된다. 공연 도중에 비가 내리고 바람이 부는 등, 생동감 넘치는 환경 속에서 관람하게 되기도 한다. 공연장으로 가는 길에는 테마파크, 동물원 등 여러 가지 다채로운 볼거리가 있으며 쇼가 시작되기 전부터 입구에는 다양한 공연들이 펼쳐진다. 저녁식사가 포함된 패키지도 있어 가족단위 여행객들에게 인기가 많다. 남녀노소, 아이 모두가 함께 즐길만한 곳으로 화려하고 즐거운 저녁을 보내기에 안성맞춤이다.

미리보기

어떤 대화를 하는지 먼저 살펴볼까요?

 원어민의 음성을
들어보세요.

Thailand_31.mp3

1

A : เวที ดู ยอดเยี่ยม จริงๆ
　　웨-티-　두-　옛-이-얌　　　찡찡

B : ที่รัก นั่ง ใกล้ๆ เวที ได้ไหม
　　티-락　낭　끌라이끌라이 웨-티-　다-이마이

2

A : ไม่ได้ ที่นั่ง เรา ตรงนี้
　　마이다-이　티-낭　라오　뜨롱니-

B : ที่นี่ ก็ พอ
　　티-니-　꺼-　퍼-

3

A : พนักงาน บอกว่า ต้อง ฝาก มือถือ
　　파낙응안-　　벅-와-　　떵-　팍-　므-트-

ที่อื่น
티-은-

B : รีบ ไป ฝาก เถอะ
　　립-　빠-이　팍-　　트ㅓ-

⭐ WORD

เวที 무대 웨-티-	**ยอดเยี่ยม** 멋지다, 근사하다, 최고다 옛-이-얌	**พอ** 충분하다 퍼-
พนักงาน 직원, 종업원 파낙응안-	**ฝาก** 맡기다, 보관하다 팍-	**รีบ** 서두르다, 빨리, 급하게 립-

실전여행

대화한 내용을 떠올리며
원어민의 음성을 듣고 태국어로 말해보세요.

» ตรงนี้는 '바로 여기'라는 뜻으로
뜨롱니-
'이곳'을 좀 더 정확하게 가리킬 때
사용한다.

ex 여기서 기다려 รอ ที่นี่
러- 티-니-

바로 여기서 기다려 รอ ตรงนี้
러- 뜨롱니-

» ที่รัก의 직역은 '사랑하는 사람'으로
티-락
연인이나 부부 사이에 사용한다. 우리말의
'자기야, 여보' 등으로 해석할 수 있다.

STEP 1. 성조 보고 태국어로 말해보기

1

A : 웨-티- 두- 엿-이-얌 찡찡

B : 티-락
낭 끌라이끌라이 웨-티- 다-이마이

2

A : 마이다-이 티-낭 라오 뜨롱니-

B : 티-니- 꺼- 퍼-

3

A : 파낙응안- 벅-와-
떵- 팍- 므-트- 티-은-

B : 립- 빠이 팍- 트ㅓ

1

A : เวที ดู ยอดเยี่ยม จริงๆ

B : ที่รัก
นั่ง ใกล้ๆ เวที ได้ไหม

2

A : ไม่ได้ ที่นั่ง เรา ตรงนี้

B : ที่นี่ ก็ พอ

3

A : พนักงาน บอกว่า
ต้อง ฝาก มือถือ ที่อื่น

B : รีบ ไป ฝาก เถอะ

1

A : 무대가 정말 근사해 보인다.

B : 자기야.
무대 가까이 앉을 수 있어?

2

A : 안돼. 우리 자리는 바로 여기인걸.

B : 여기도 충분하네.

3

A : 직원이 그러는데
핸드폰 다른 곳에 맡겨야 하대

B : 빨리 맡기러 가자.

บอกว่า ~라고 말하다

벅-와-

STEP 1. 성조 보고 말해보기

• **สามี บอกว่า เขา รัก ภรรยา**

싸-미- 벅-와- 카오 락 판라야-

남편이 말하기를 그는 부인을 사랑한다고 한다.

• **สามี บอกว่า อาหาร เสร็จ แล้ว**

싸-미- 벅-와- 아-한- 쎗 래-우

남편이 말하기를 음식이 준비되었다고 한다.

• **ภรรยา บอกว่า อาหาร เค็ม**

판라야 벅-와- 아-한- 켐

부인이 말하기를 음식이 짜다고 한다.

• **ภรรยา บอกว่า อาหาร จืด**

판라야- 벅-와- 아-한- 쯧-

부인이 말하기를 음식이 싱겁다고 한다.

• **บอก ตรงๆ**

벅- 뜨롱뜨롱

똑바로 말해.

บอก 벅-은 '말하다, 고하다'라는 뜻으로 ว่า 와-와 결합되어 '(주어+동사)에 대해 말하다'라는 의미가 된다.

'말하다'의 뜻으로 앞서 배웠던 พูด 풋-과 บอก 벅-의 차이가 있다.

พูด은 단지 목소리로 말을 하거나 언어를 구사할 때 사용한다.   ex 그는 말을 안 한다
풋-   그는 태국어를 구사한다

บอก은 상대에게 설명이나 정보를 전달할 때 사용한다.   ex 그는 들은 것에 대해 말한다
벅-   내 나이에 대해 말하고 싶지 않다

* 이렇게 두 단어를 크게 구분 지을 수 있지만 상황이나 문장에 따라 서로 유동적으로 사용된다.

STEP 2. 제시된 단어를 활용하여 직접 써보기

สามี 남편 싸-미-	**ภรรยา** 부인 판라야-	**เค็ม** 짜다 켐
จืด 싱겁다 쯧-	**ตรงๆ** 똑바로, 정확하게 뜨롱뜨롱	

• 남편이 말하기를 그는 부인을 사랑한다고 한다.

สามี บอกว่า เขา รัก ภรรยา

• 남편이 말하기를 음식이 준비되었다고 한다.

สามี บอกว่า อาหาร เสร็จ แล้ว

• 부인이 말하기를 음식이 짜다고 한다.

ภรรยา บอกว่า อาหาร เค็ม

• 부인이 말하기를 음식이 싱겁다고 한다.

ภรรยา บอกว่า อาหาร จืด

• 똑바로 말해.

บอก ตรงๆ

쉬어 가기 | 바로톡 태국어

오늘도 타이 마사지!

태국에 가면 1일 1마사지를 받아야 한다는 말이 있다. 태국여행에서 음식만큼 마사지를 빼고 이야기 할 수 없는데 식당만큼이나 다양한 마사지샵을 볼 수 있다. 그 중 단연 최고의 마사지는 타이 마사지.

타이 마사지는 태국 전통 의술 중 하나로 불교에서 그 뿌리를 찾을 수 있다. 전통적인 타이 마사지는 오일이나 로션을 사용하지 않고 편안한 옷을 입은 채 마루나 단단한 매트리스에 누워 받는다. 지압과 스트레칭으로 근육을 마사지 해주며 정교하게 혈관을 따라 전신을 마사지하며 몸을 이완시킨다. 이렇게 인체에 에너지가 잘 흐를 수 있도록 내부균형을 맞춰주는 것이 타이 마사지의 이론이다. 허브볼은 천연 허브를 무명천 안에 넣고 감싸 따뜻하게 가열 후 몸에 굴리며 온기를 전하는 역할을 하는데 태국 고유의 전통 치료법 중 하나로 많은 효능이 있어 타이 마사지와 함께 받으면 좋다.

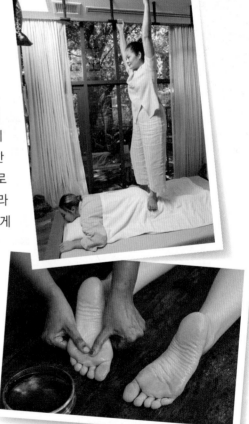

태국에도 팁문화가 있다?

태국은 보이지 않는 팁문화가 존재한다. 모든 곳에 팁이 있는 것은 아니고 자신의 사정에 따라 서비스에 대한 고마움을 남기는 것이 태국의 팁문화라 할 수 있다.

식당 같은 경우 남은 잔돈이나 가격의 10~20%정도가 팁이 될 수 있으며 이미 가격에 서비스 차지가 추가 된 경우에는 팁을 따로 주지 않아도 된다.

또한 대표적으로 팁을 주는 곳이 바로 마사지샵 인데 개인차가 있지만 보통 1시간에 20~100밧을 팁으로 준다. 마사지하는 분들의 주 수입원은 월급보다는 팁이라고 한다. 그 외로 택시를 탈 때 거스름돈이 팁이 되는 경우가 있다. 많은 기사들이 잔돈을 따로 챙겨다니지 않아 거슬러 주지 않기 때문인데 택시 탑승시에는 미리 소액권을 챙기는 것이 좋다.

치앙마이 DAY1

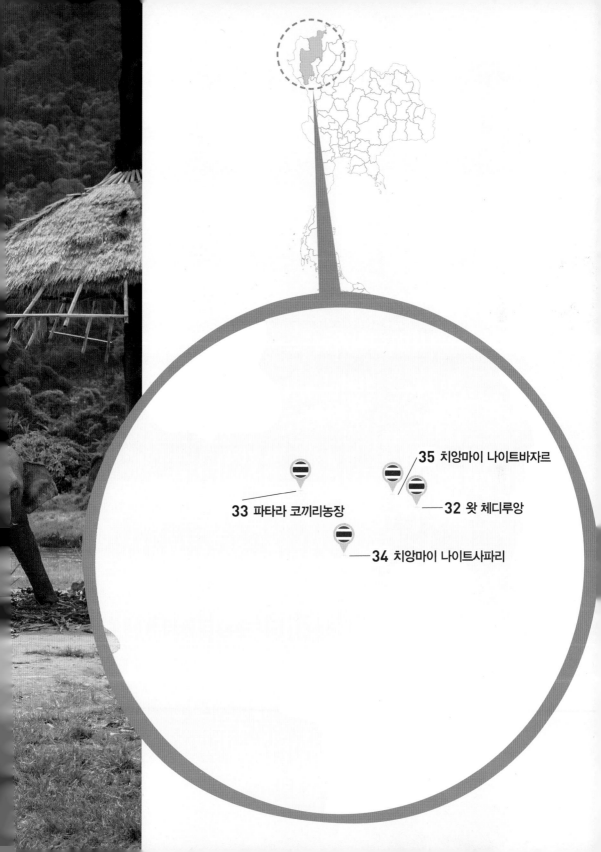

35 치앙마이 나이트바자르

33 파타라 코끼리농장

32 왓 체디루앙

34 치앙마이 나이트사파리

왓 체디루앙 (วัดเจดีย์หลวงวรวิหาร)

▶ 오늘 배울 표현은 ~하자마자

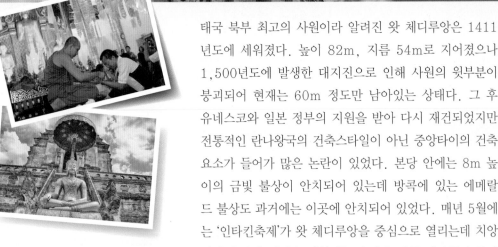

태국 북부 최고의 사원이라 알려진 왓 체디루앙은 1411년도에 세워졌다. 높이 82m, 지름 54m로 지어졌으나 1,500년도에 발생한 대지진으로 인해 사원의 윗부분이 붕괴되어 현재는 60m 정도만 남아있는 상태다. 그 후 유네스코와 일본 정부의 지원을 받아 다시 재건되었지만 전통적인 란나왕국의 건축스타일이 아닌 중앙타이의 건축 요소가 들어가 많은 논란이 있었다. 본당 안에는 8m 높이의 금빛 불상이 안치되어 있는데 방콕에 있는 에메랄드 불상도 과거에는 이곳에 안치되어 있었다. 매년 5월에는 '인타킨축제'가 왓 체디루앙을 중심으로 열리는데 치앙마이의 복과 번영을 기원하는 수많은 태국 사람들이 향과 초를 피우며 한마음이 된다.

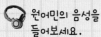

어떤 대화를 하는지 먼저 살펴볼까요?

 원어민의 음성을 들어보세요.

Thailand_32.mp3

1

A : มี เทศกาล ใหญ่ อาทิตย์หน้า ค่ะ
미- 텟-싸깐- 야이 아-팃나- 카

B : แต่ ผม มี การสอบ ครับ
때- 폼 미- 깐-썹- 크랍

2

A : น่าเสียดาย นะ คะ
나-씨-야다-이 나 카

B : ครั้งนี้ ต้อง ผ่าน ครับ
크랑니- 떵 판- 크랍

3

A : โชคดี นะ คะ พอ คุณ ผ่าน ก็
촉-디- 나 카 퍼- 쿤 판- 꺼-

บอก นะ คะ
벅 나 카

B : พอ ผม ผ่าน ก็ จะ เลี้ยง เบียร์ ครับ
퍼- 폼 판- 꺼- 짜 리-양 비-야 크랍

⭐ WORD

เทศกาล 축제 텟-싸깐-	ใหญ่ 크다 야이	อาทิตย์หน้า 다음 주 아-팃나-
ครั้งนี้ 이번에 크랑니-	ผ่าน 통과하다, 지나다 판-	เบียร์ 맥주 비-야

대화한 내용을 떠올리며
원어민의 음성을 듣고 태국어로 말해보세요.

» น่าเสียดาย는 '유감스럽다, 안타깝다,
나-씨-야다-이
아쉽다'를 의미한다.

» เลี้ยง의 다양한 의미
리-양
• 기르다, 키우다
(ex) 나는 강아지를 키운다 ผม เลี้ยง หมา
폼 리-양 마-
• 한턱내다, 대접하다
(ex) 오늘 내가 한턱낼게
วันนี้ ผม จะ เลี้ยง
완니- 폼 짜 리-양

STEP 1. 성조 보고 태국어로 말해보기

1

A : 미- 텟-싸깐- 야이 아-팃나- 카

B : 때- 폼 미- 깐-썹- 크랍

2

A : 나-씨-야다-이 나 카

B : 크랑니- 떵- 판- 크랍

3

A : 촉-디- 나 카
퍼- 쿤 판- 꺼- 벅- 나 카

B : 퍼- 폼 판-
꺼- 짜 리-양 비-야 크랍

1

A : มี เทศกาล ใหญ่
อาทิตย์หน้า ค่ะ

B : แต่ ผม มี การสอบ ครับ

1

A : 다음 주에 큰 축제가 있답니다.

B : 하지만 저는 시험이 있어요.

2

A : น่าเสียดาย นะ คะ

B : ครั้งนี้ ต้อง ผ่าน ครับ

2

A : 아쉽네요.

B : 이번에는 꼭 통과해야 해요.

3

A : โชคดี นะ คะ
พอ คุณ ผ่าน ก็ บอก นะ
คะ

B : พอ ผม ผ่าน
ก็ จะ เลี้ยง เบียร์ ครับ

3

A : 행운을 빌어요.
통과하는 대로 말해주세요.

B : 제가 통과하는 대로 맥주 살게요.

พอ ... ก็ ~하자마자
퍼– 꺼–

STEP 1. 성조 보고 말해보기

- **พอ มี ช้อน ก็ จะ กิน**
  퍼– 미– 천– 꺼– 짜 낀

  숟가락이 생기는 대로 먹을 것이다.

- **พอ มี ตะเกียบ ก็ จะ กิน**
  퍼– 미– 따끼–얍 꺼– 짜 낀

  젓가락이 생기는 대로 먹을 것이다.

- **พอ กลับ บ้าน ก็ จะ สั่ง**
  퍼– 끌랍 반– 꺼– 짜 쌍

  집에 도착하자마자 주문할 것이다.

- **พอ กลับ บ้าน ก็ จะ สั่ง โต๊ะ**
  퍼– 끌랍 반– 꺼– 짜 쌍 또

  집에 도착하자마자 책상을 주문할 것이다.

- **พอ สั่ง โต๊ะ ก็ จะ ล้างจาน**
  퍼– 쌍 또 꺼– 짜 랑–짠–

  책상을 주문하자마자 설거지를 할 것이다.

Point 1 พอ는 '~하자마자, ~하는 대로'라는 뜻으로 문장 앞에 위치한다.
퍼–

Point 2 ก็는 그 다음에 일어나는 일을 연결한다.
꺼–

STEP 2. 제시된 단어를 활용하여 직접 써보기

- ช้อน 숟가락
천–

- ตะเกียบ 젓가락
따끼–얍

- สั่ง 주문하다
쌍

- โต๊ะ 책상
또

- ล้างจาน 설거지하다
랑–짠–

- 숟가락이 생기는 대로 먹을 것이다.

พอ มี ช้อน ก็ จะ กิน

- 젓가락이 생기는 대로 먹을 것이다.

พอ มี ตะเกียบ ก็ จะ กิน

- 집에 도착하자마자 주문할 것이다.

พอ กลับ บ้าน ก็ จะ สั่ง

- 집에 도착하자마자 책상을 주문할 것이다.

พอ กลับ บ้าน ก็ จะ สั่ง โต๊ะ

- 책상을 주문하자마자 설거지를 할 것이다.

พอ สั่ง โต๊ะ ก็ จะ ล้างจาน

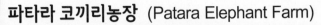

33 파타라 코끼리농장 (Patara Elephant Farm)

➡️ 오늘 배울 표현은 ~ 들어본 적 없다

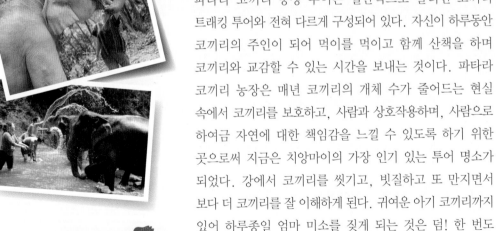

파타라 코끼리 농장 투어는 일반적으로 알려진 코끼리 트래킹 투어와 전혀 다르게 구성되어 있다. 자신이 하루동안 코끼리의 주인이 되어 먹이를 먹이고 함께 산책을 하며 코끼리와 교감할 수 있는 시간을 보내는 것이다. 파타라 코끼리 농장은 매년 코끼리의 개체 수가 줄어드는 현실 속에서 코끼리를 보호하고, 사람과 상호작용하며, 사람으로 하여금 자연에 대한 책임감을 느낄 수 있도록 하기 위한 곳으로써 지금은 치앙마이의 가장 인기 있는 투어 명소가 되었다. 강에서 코끼리를 씻기고, 빗질하고 또 만지면서 보다 더 코끼리를 잘 이해하게 된다. 귀여운 아기 코끼리까지 있어 하루종일 엄마 미소를 짓게 되는 것은 덤! 한 번도 느껴보지 못한 값진 경험이 기다리고 있으니 절대 놓치지 말자.

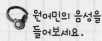

🎧 원어민의 음성을 들어보세요.

📱 Thailand_33.mp3

1

A : เรา อาบน้ำ ให้ ช้าง ใน แม่น้ำ เหรอ
라오 압-남- 하이 창- 나이 매-남- 르ᅥ-

ครับ
크랍

B : ค่ะ แล้วก็ เลี้ยง ได้ ค่ะ
카 래-우-꺼- 리-양 다-이 카

2

A : ไม่เคย ได้ยิน เกี่ยวกับ ทัวร์ แบบนี้
마이크ᅥ-이 다-이인 끼-야우깝 투-아 뱁-니-

ครับ
크랍

B : นี่ เป็น ทัวร์ พิเศษ และ มี
니- 뺀 투-아 피쎗- 래 미-

ความหมาย ค่ะ
쾀-마-이 카

3

A : มี ลูก ช้าง หรือเปล่า ครับ
미- 룩- 창- 르ᅥ-쁠라오 크랍

D. มี ค่ะ เล่น ด้วยกัน ได้ นะ คะ
미- 카 렌- 두-아이깐 다-이 나 카

⭐ WORD

อาบน้ำ 샤워하다 압-남-	**ช้าง** 코끼리 창-	**แม่น้ำ** 강 매-남-
ความหมาย 의미, 보람 쾀-마-이	**ลูก** 아기, 자녀 룩-	**เล่น** 놀다 렌-

실전여행

대화한 내용을 떠올리며
원어민의 음성을 듣고 태국어로 말해보세요.

tip 00

» **พิเศษ** '특별하다'라는 뜻이다. 주로 음식을
  피쎗-

  주문할 때 많이 사용하는데 **เอา พิเศษ** 이라
  아오 피쎗-

  말하면 '특별하게 주세요'라는 의미가 된다.

  그 뜻은 우리말의 '곱빼기' 같은 느낌으로

  음식의 양이 두 배로 많다거나 혹은 특별한

  고명이 얹어진다.

» **เกี่ยวกับ**은 '~에 대한, ~에 관한'을
  끼-야우깝

  뜻한다.

  ⓔ 코끼리에 대해 안다 **รู้ เกี่ยวกับ ช้าง**
                      루- 끼-야우깝 창-

  ⓔ 무엇에 대해 생각해?

  คิด เกี่ยวกับ อะไร
  킷   끼-야우깝   아라이

» **แบบ**은 형태, 방식 이란 뜻으로
  뱁-

  뒤에 **นี้** 혹은 **นั้น**과 함께 위치하여
       니-   난-

  즉 '이런 형태(이와 같은), 그런 형태(그와

  같은)'의 뉘앙스를 나타낼 수 있다.

1

A : 라오 안-남- 하이 창- 나이
    매-남- 르ㅓ- 크랍

B : 카 래-우꺼- 리-양 다-이 카

2

A : 마이크ㅓ-이 다-이인 끼-야우깝
    투-아 뱁-니- 크랍

B : 니- 뻰 투-아 피쎗-
    래 미- 쾀-마-이 카

3

A : 미- 룩- 창- 르-빨라오 크랍

B : 미- 카 렌- 두-아이깐 다-이 나 카

1

A : เรา อาบน้ำ ให้ ช้าง ใน แม่น้ำ เหรอ ครับ

B : ค่ะ แล้วก็ เลี้ยง ได้ ค่ะ

A : 우리가 강에서 코끼리를 샤워 시킨다고요?

B : 네. 그리고 먹이도 줄 수 있어요.

2

A : ไม่เคย ได้ยิน เกี่ยวกับ ทัวร์ แบบนี้ ครับ

B : นี่ เป็น ทัวร์ พิเศษ และ มี ความหมาย ค่ะ

A : 이런 투어는 들어본 적이 없어요.

B : 이건 특별한 투어이면서 의미가 있지요.

3

A : มี ลูก ช้าง หรือเปล่า ครับ

B : มี ค่ะ เล่น ด้วยกัน ได้ นะ คะ

A : 아기 코끼리는 있나요(없나요)?

B : 있어요. 같이 놀 수도 있답니다.

ไม่เคย ได้ยิน ~ 들어본 적 없다
마이크ㅓ-이   다-이인

STEP 1. 성조 보고 말해보기

- ไม่เคย ได้ยิน เกี่ยวกับ เครื่องสำอาง นี้
  마이크ㅓ-이   다-이인   끼-야우깝   크ㅡ르앙쌈앙-   니-

  이 화장품에 대해 들어본 적이 없다.

- ไม่เคย ได้ยิน เกี่ยวกับ ยี่ห้อ นี้
  마이크ㅓ-이   다-이인   끼-야우깝   이-허-   니-

  이 브랜드에 대해 들어본 적이 없다.

- ไม่เคย ได้ยิน เกี่ยวกับ ข่าวลือ ของ คุณ
  마이크ㅓ-이   다-이인   끼-야우깝   카-우르-   컹-   쿤

  너의 루머에 대해 들어본 적이 없다.

- เคย ได้ยิน เกี่ยวกับ วัฒนธรรม นี้
  크ㅓ-이   다-이인   끼-야우깝   왓타나탐   니-

  이 문화에 대해 들어본 적이 있다.

- เคย ได้ยิน เกี่ยวกับ บริษัท ของ คุณ
  크ㅓ-이   다-이인   끼-야우깝   버-리쌋   컹-   쿤

  너의 회사에 대해 들어본 적이 있다.

Point 1 ไม่เคย '~한 적이 없다'와 ได้ยิน '들리다'가 결합되어 '~ 들어본 적 없다'라는 의미가 된다.
마이크ㅓ-이　　　　　　　　　다-이인

Point 2 เคย ได้ยิน = ~ 들어본 적이 있다
크ㅓ-이 다-이인

STEP 2. 제시된 단어를 활용하여 직접 써보기

เครื่องสำอาง 화장품　　**ยี่ห้อ** 브랜드, 상표　　**ข่าวลือ** 소문, 루머
크ㅡ르앙쌈앙-　　　　　이-허-　　　　　　　카-우르-

วัฒนธรรม 문화　　**บริษัท** 회사
왓타나탐　　　　　버-리쌋

• 이 화장품에 대해 들어본 적이 없다.

ไม่เคย ได้ยิน เกี่ยวกับ เครื่องสำอาง นี้

• 이 브랜드에 대해 들어본 적이 없다.

ไม่เคย ได้ยิน เกี่ยวกับ ยี่ห้อ นี้

• 너의 루머에 대해 들어본 적이 없다.

ไม่เคย ได้ยิน เกี่ยวกับ ข่าวลือ ของ คุณ

• 이 문화에 대해 들어본 적이 있다.

เคย ได้ยิน เกี่ยวกับ วัฒนธรรม นี้

• 너의 회사에 대해 들어본 적이 있다.

เคย ได้ยิน เกี่ยวกับ บริษัท ของ คุณ

치앙마이 나이트사파리 (เชียงใหม่ไนท์ซาฟารี)

오늘 배울 표현은 ~이라 짐작한다

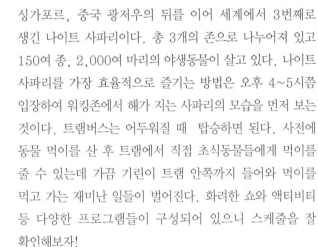

싱가포르, 중국 광저우의 뒤를 이어 세계에서 3번째로 생긴 나이트 사파리이다. 총 3개의 존으로 나누어져 있고 150여 종, 2,000여 마리의 야생동물이 살고 있다. 나이트 사파리를 가장 효율적으로 즐기는 방법은 오후 4~5시쯤 입장하여 워킹존에서 해가 지는 사파리의 모습을 먼저 보는 것이다. 트램버스는 어두워질 때 탑승하면 된다. 사전에 동물 먹이를 산 후 트램에서 직접 초식동물들에게 먹이를 줄 수 있는데 가끔 기린이 트램 안쪽까지 들어와 먹이를 먹고 가는 재미난 일들이 벌어진다. 화려한 쇼와 액티비티 등 다양한 프로그램들이 구성되어 있으니 스케줄을 잘 확인해보자!

미리보기

어떤 대화를 하는지 먼저 살펴볼까요?

 원어민의 음성을
들어보세요.

Thailand_34.mp3

1 A : จอง อะไร พิเศษ ให้ ครอบครัว
쩡- 아라이 피쎗- 하이 크럽-크루-아

ของ คุณ
컹- 쿤

B : ขอบใจ ฉัน สงสัย นะ
컵-짜이 찬 쏭싸이 나

2 A : ตอนนี้ ไม่ อยาก พูด
떤-니- 마이 약- 풋-

แต่ เด็กๆ จะ ชอบ จริงๆ
때- 덱덱 짜 첩- 찡찡

B : ตกลง ฉัน ทายว่า เด็กๆ จะ ชอบ คุณ
똑롱 찬 타-이와- 덱덱 짜 첩- 쿤

3 A : จอง ที่ ที่ เด็กๆ อยาก ไป เสมอ
쩡- 티- 티- 덱덱 약- 빠이 싸므ː-

B : สวนสัตว์ หรือ สระว่ายน้ำ
쑤-안쌋 르- 싸와-이남-

⭐ WORD

- **ครอบครัว** 가족
  크럽-크루-아

- **สงสัย** 궁금하다, 의문이 들다
  쏭싸이

- **เด็กๆ** 아이들
  덱덱

- **เสมอ** 항상
  싸므ː-

- **สวนสัตว์** 동물원
  쑤-안쌋

- **สระว่ายน้ำ** 수영장
  싸와-이남-

 실전여행

대화한 내용을 떠올리며
원어민의 음성을 듣고 태국어로 말해보세요.

 tip

» ขอบใจ는 '고맙다'라는 뜻으로
컵-짜이
아랫사람이나 친한 사이 혹은 동녀배
사이에서 쓰는 표현이다.
ขอบคุณ ค่ะ/ครับ '감사합니다'는
컵-쿤   카/크랍
연장자 혹은 일반 사람에게 사용한다.

» ตกลง은 '동의하다, 승낙하다'라는 뜻이다.
똑롱
일상 대화에서는 대답을 할 때 쓰는 말로
'좋아, 알겠어, 잘됐어'와 같은 뉘앙스로
쓰인다.

1

A : 쩡- 아라이 피쎗-
하이 크랍-크루-아 컹- 쿤

B : 컵-짜이 찬 쏭싸이 나

2

A : 뻔-니- 마이 약- 풋-
때- 덱덱 짜 쩝- 찡찡

B : 똑롱 찬 타-이와- 덱덱 짜 쩝- 쿤

3

A : 쩡- 티- 티- 덱덱 약- 빠이 싸므ㅓ-

B : 쑤-안싹 르- 싸와-이남-

1

A : จอง อะไร พิเศษ
ให้ ครอบครัว ของ คุณ

B : ขอบใจ ฉัน สงสัย นะ

1

A : 너의 가족을 위해서 특별한 걸 예약했어.

B : 고마워. 궁금하다.

2

A : ตอนนี้ ไม่ อยาก พูด
แต่ เด็กๆ จะ ชอบ จริงๆ

B : ตกลง ฉัน ทายว่า เด็กๆ
จะ ชอบ คุณ

2

A : 지금 말해주고 싶지 않지만 아이들이
정말 좋아할 거야.

B : 알겠어. 짐작건대 아이들이 너를 좋아하게
될 것 같아.

3

A : จอง ที่ ที่ เด็กๆ อยาก ไป
เสมอ

B : สวนสัตว์ หรือ สระว่ายน้ำ

3

A : 아이들이 항상 가고 싶어 했던 곳을
예약했어.

B : 동물원 아님 수영장?

235

ทายว่า
타―이와―

~이라 짐작한다

STEP 1. 성조 보고 말해보기

- ### ทายว่า เด็ก มี ไข้ ด้วย
  타―이와―　　덱　 미　 카이　 두아이

  아이가 열도 있다고 짐작한다.

- ### ทายว่า เด็ก อิจฉา อยู่
  타―이와―　　덱　　 잇차―　　유―

  아이가 질투하고 있다고 짐작한다.

- ### ทายว่า เรา มี อนาคต ดีกว่า
  타―이와―　　라오　 미　　아나―꿋　　디―꽈―

  우리에게 더 좋은 미래가 있다고 짐작한다.

- ### ทายว่า เรา ขาด เงิน
  타―이와―　　라오　　캇―　　응언―

  우리가 돈이 부족하다고 짐작한다.

- ### ทายว่า เรา ขาด ความรัก
  타―이와―　　라오　 캇―　　 쾀―락

  우리가 사랑이 부족하다고 짐작한다.

236

STEP 2. 제시된 단어를 활용하여 직접 써보기

- ไข้   열
  카이
- อิจฉา   질투하다
  잇차-
- อนาคต   미래
  아나-콧
- ขาด   부족하다
  캇-
- ความรัก   사랑
  쾀-락

- 아이가 열도 있다고 짐작한다.

  ทายว่า เด็ก มี ไข้ ด้วย

- 아이가 질투하고 있다고 짐작한다.

  ทายว่า เด็ก อิจฉา อยู่

- 우리에게 더 좋은 미래가 있다고 짐작한다.

  ทายว่า เรา มี อนาคต ดีกว่า

- 우리가 돈이 부족하다고 짐작한다.

  ทายว่า เรา ขาด เงิน

- 우리가 사랑이 부족하다고 짐작한다.

  ทายว่า เรา ขาด ความรัก

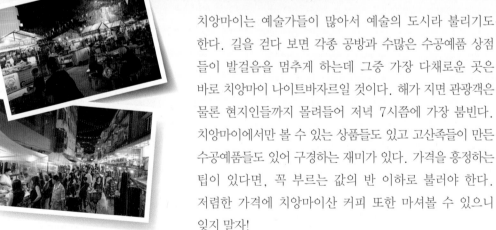

치앙마이는 예술가들이 많아서 예술의 도시라 불리기도 한다. 길을 걷다 보면 각종 공방과 수많은 수공예품 상점들이 발걸음을 멈추게 하는데 그중 가장 다채로운 곳은 바로 치앙마이 나이트바자르일 것이다. 해가 지면 관광객은 물론 현지인들까지 몰려들어 저녁 7시쯤에 가장 붐빈다. 치앙마이에서만 볼 수 있는 상품들도 있고 고산족들이 만든 수공예품들도 있어 구경하는 재미가 있다. 가격을 흥정하는 팁이 있다면, 꼭 부르는 값의 반 이하로 불러야 한다. 저렴한 가격에 치앙마이산 커피 또한 마셔볼 수 있으니 잊지 말자!

어떤 대화를 하는지 먼저 살펴볼까요?

 원어민의 음성을
들어보세요.

Thailand_35.mp3

1

A : จาน นี้ เก๋
짠– 니– 깨–

B : ใช่มั้ย จาน นี้ ทำด้วยมือ
차이마이 짠– 니– 탐두–아이므–

2

A : คุณ ทำ เอง เหรอ
쿤– 탐 엥– 르ㅓ–

B : ฉัน ไม่ได้ ทำ เอง มี ศิลปิน อยู่ ที่
찬 마이다–이 탐 엥– 미– 씬라삔 유– 티–

เมือง นี้ หลาย คน
므–앙 니– 라–이 콘

3

A : งั้น คุณ เรียน อยู่ ใช่มั้ย
응안 쿤– 리–얀 유– 차이마이

B : ใช่ คุณ ก็ อาจจะ เรียน สัก ได้
차이 쿤– 꺼– 앗–짜 리–얀 싹 다–이

☆ WORD

จาน 접시 짠–	**เก๋** 세련되다, 화려하다 깨–	**ทำด้วยมือ** 핸드메이드 탐두–아이므–
เอง 혼자서, 스스로 엥–	**ศิลปิน** 예술가 씬라삔	**สัก** 문신을 새기다 싹

실전여행

대화한 내용을 떠올리며
원어민의 음성을 듣고 태국어로 말해보세요.

tip

» ไม่ได้는 과거형의 부정을 나타낼 때
마이다ᄉ이
사용하며 동사 앞에 위치한다.
'～(동사)하지 않았다'로 해석된다.

ex 배웠다 เรียน แล้ว
리ᄉ얀 래ᄉ우

배우지 않았다 ไม่ได้ เรียน
마이다ᄉ이 리ᄉ얀

» เมือง은 '도시, 시, 읍'을 뜻하는데 '나라'를
므ᄉ앙
의미하기도 한다. 태국을 문어체에서는
ประเทศไทย 구어체에서는 เมืองไทย라
쁘라텟ᄉ타ᄉ이   므ᄉ앙타이
말한다.

» หลาย는 '많다, 여러'라는 뜻으로
라ᄉ이
여러 사람, 여러 날, 여러 번 등을 표현하기
위해 명사 앞에 위치한다.

ex 여러 날 หลาย วัน
라ᄉ이 완
여러 번 หลาย ครั้ง
라ᄉ이 크랑

STEP 1. 성조 보고 태국어로 말해보기

1

A : 짠ᅳ 니ᄉ 께ᅳ

B : 차ᄉ이마ᄉ이 짠ᅳ 니ᄉ 탐두ᄉ아이므ᅳ

2

A : 쿤 탐 엥ᅳ 르ᅥ스

B : 찬 마이다ᄉ이 탐 엥ᅳ
미ᅳ 씬라쁜 유ᅳ 티ᄉ 므ᄉ앙 니ᄉ
라ᄉ이 콘

3

A : 응안 쿤 리ᅳ얀 유ᅳ 차ᄉ이마ᄉ이

B : 차ᄉ이
쿤 꺼스 앗ᅳ짜 리ᄉ얀 싹 다ᄉ이

1

A : จาน นี้ เก๋

B : ใช่มั้ย จาน นี้ ทำด้วยมือ

2

A : คุณ ทำ เอง เหรอ

B : ฉัน ไม่ได้ ทำ เอง
มี ศิลปิน อยู่ ที่ เมือง นี้
หลาย คน

3

A : งั้น คุณ เรียน อยู่ ใช่มั้ย

B : ใช่
คุณ ก็ อาจจะ เรียน สัก
ได้

1

A : 이 접시 세련됐다.

B : 그렇지? 이 접시 핸드메이드야.

2

A : 혼자 만들었다고 ?

B : 혼자 하지 않았어.
이 도시에는 많은 예술가들이 있어.

3

A : 그럼 배우고 있는 중인 거야?

B : 맞아.
아마 너도 타투를 배울 수 있을지도 몰라.

อาจจะ   아마도 ~일지 모른다

앗–짜

STEP 1. 성조 보고 말해보기

- **แม่ อาจจะ ผิดหวัง**

  매–   앗–짜   핏황

  엄마는 아마도 실망할지도 모른다.

- **แม่ อาจจะ ทำผิด**

  매–   앗–짜   탐핏

  엄마는 아마도 실수할지도 모른다.

- **คำพูด ของ แม่ อาจจะ ไม่ จริงใจ**

  캄풋–   컹–   매–   앗–짜   마이   찡짜이

  엄마가 한 말은 아마도 진심이 아니었을지 모른다.

- **คำพูด ของ แม่ อาจจะ ผิด**

  캄풋–   컹–   매   앗–짜   핏

  엄마가 한 말은 아마도 틀렸을지 모른다.

- **อาจจะ สะดวก กว่า**

  앗–짜   싸두–악   꽈–

  아마도 더 편리할지도 모른다.

STEP 2. 제시된 단어를 활용하여 직접 써보기

ผิดหวัง 실망하다   **(ทำ)ผิด** 잘못, 실수(하다)   **คำพูด** 말, 말씀
핏왕   (탐)핏   캄풋-

จริงใจ 진심이다, 진지하다   **สะดวก** 편리하다
찡짜이   싸두-악

• 엄마는 아마도 실망할지도 모른다.

แม่ อาจจะ ผิดหวัง

• 엄마는 아마도 실수할지도 모른다.

แม่ อาจจะ ทำผิด

• 엄마가 한 말은 아마도 진심이 아니었을지 모른다.

คำพูด ของ แม่ อาจจะ ไม่ จริงใจ

• 엄마가 한 말은 아마도 틀렸을지 모른다.

คำพูด ของ แม่ อาจจะ ผิด

• 아마도 더 편리할지도 모른다.

อาจจะ สะดวก กว่า

치앙마이 DAY2

37 치앙마이 그랜드캐넌

36 도이인타논 국립공원

38 파초

36 도이인타논 국립공원 (อุทยานแห่งชาติดอยอินทนนท์)

▶ 오늘 배울 표현은 ~ 해서 감사하다

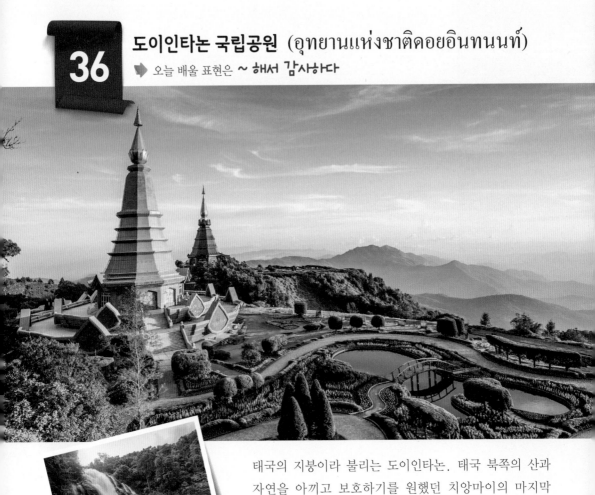

태국의 지붕이라 불리는 도이인타논. 태국 북쪽의 산과 자연을 아끼고 보호하기를 원했던 치앙마이의 마지막 왕은 그의 뜻을 후손들에게 전하기 위해 자신의 이름을 따 도이 인타논이라 지었다. 국립공원 정상에는 두 개의 쩨디가 있는데 전 푸미폰 국왕과 왕비의 60세 생일을 기념하기 위해 세워진 것이다. 보통은 여행사를 통하여 가지만 국립공원 안에는 캠핑장과 방갈로가 잘 구비되어 있어 개인적으로 차를 렌트하여 가는 것을 추천한다. 새벽 안개가 자욱한 공원에 해가 떠오르는 순간은 이 공원을 가장 아름답게 볼 수 있는 시간으로 고요한 대자연을 몸과 마음으로 느낄 수 있다.

미리보기

어떤 대화를 하는지 먼저 살펴볼까요?

 원어민의 음성을
들어보세요.

Thailand_36.mp3

1

A : ภูเขา นี้ สูง ที่สุด ใน เมืองไทย ค่ะ
　　푸-카오 니- 쑹- 티-쑷 나이 므-앙타이 카

B : ดังนั้น เรา จะ ปีน ภูเขา นี้ เหรอ
　　당난 라오 짜 삔- 푸-카오 니- 러-

　　ครับ
　　크랍

2

A : ใจเย็นๆ ค่ะ คืนนี้ เรา จะ พัก ที่นี่ ค่ะ
　　짜이옌옌 카 큰-니- 라오 짜 팍 티-니- 카

B : อากาศ หนาว ลง นะ ครับ
　　아-깟- 나우 롱 나 크랍

　　คุณ พูดเล่น ใช่มั้ย ครับ
　　쿤 풋-렌- 차이마이 크랍

3

A : ไม่เป็นไร ค่ะ มัน จะ ดี ขึ้น ค่ะ
　　마이뺀라이 카 만 짜 디- 큰- 카

B : ขอบคุณที่ ดูแล เสมอ ครับ
　　컵-쿤티- 두-래 싸므ㅓ- 크랍

⭐ WORD

•ภูเขา 산	•สูง 높다	•ปีน 오르다
푸-카오	쑹-	삔-
•พัก 묵다, 쉬다	•หนาว 춥다	•พูดเล่น 농담하다
팍	나우	풋-렌-

247

실전여행

대화한 내용을 떠올리며
원어민의 음성을 듣고 태국어로 말해보세요.

» ใจเย็นๆ은 '진정하다, 침착하다'라는 뜻으로
짜이엔엔
태국 문화를 잘 나타내는 단어이다.
상대 에게 화를 내거나 목소리를 높이는 것
또는 급하게 서두르는 행위는 태국에서는
이해되지 않는 행동이다. 웬만하면 서로
웃고 넘기려 하는 경향이 크다.

ⓔⓧ 진정하세요 침착하세요 ใจเย็นๆ ค่ะ/ครับ
짜이엔엔   카/크랍

» ลง의 다양한 의미
롱

• (탈것에서)내리다.내려가다

ⓔⓧ 차에서 내리다 ลง รถ
롱   롯

• ~(동사)하락하다. 감소하다

ⓔⓧ 날씨가 춥다 อากาศ หนาว
아~깟~ 나~우

날씨가 추워진다 อากาศ หนาว ลง
아~깟~ 나~우 롱

1

A : 푸-카오 니- 쑹- 티-쑷
   나이 므-앙타이 카

B : 당난 라오 짜 삔- 푸-카오
   니- 르ㅓ- 크랍

2

A : 짜이엔엔 카
   큰-니- 라오 짜 팍 티-니- 카

B : 아-깟- 나-우 롱 나 크랍
   쿤 풋-렌- 차이마이 크랍

3

A : 마이쁘라이 카
   만 짜 디- 큰 카

B : 컵-쿤티- 두-래- 싸므ㅓ- 크랍

1

A : ภูเขา นี้ สูง ที่สุด ใน เมืองไทย ค่ะ

B : ดังนั้น เรา จะ ปีน ภูเขา นี้ เหรอ ครับ

2

A : ใจเย็นๆ ค่ะ คืนนี้ เรา จะ พัก ที่นี่ ค่ะ

B : อากาศ หนาว ลง นะ ครับ คุณ พูดเล่น ใช่มั้ย ครับ

3

A : ไม่เป็นไร ค่ะ มัน จะ ดี ขึ้น ค่ะ

B : ขอบคุณที่ ดูแล เสมอ ครับ

1

A : 이 산은 태국에서 가장 높은 산이에요.

B : 그래서 우리가 이 산을 오르는 건가요?

2

A : 진정하세요.

오늘 밤 우리는 이곳에서 묵을 겁니다.

B : 날씨가 추워지는데요.

농담이시죠?

3

A : 문제없어요.

좋아실 거예요.

B : 항상 챙겨주셔서 감사합니다.

ขอบคุณที่ ~해서 감사하다
컵-쿤티-

STEP 1. 성조 보고 말해보기

- ขอบคุณที่ เอา สมุด มา

  컵-쿤티-　　아오　싸뭇　마-

  공책 가지고 와줘서 고마워.

- ขอบคุณที่ เอา ของขวัญ มา

  컵-쿤티-　　아오　　컹-콴　　마-

  선물 가지고 와줘서 고마워.

- ขอบคุณที่ แก้ ให้ เสมอ

  컵-쿤티-　　깨-　하이　싸므ㅓ-

  항상 해결해줘서 고마워.

- ขอบคุณที่ แก้ ปัญหา

  컵-쿤티-　　깨-　빤하-

  문제 해결해줘서 고마워.

- ขอบคุณที่ เอามา เสมอ

  컵-쿤티-　　아오마-　싸므ㅓ-

  항상 가지고 와줘서 고마워.

STEP 2. 제시된 단어를 활용하여 직접 써보기

เอามา 가지고 오다 아오마-	**สมุด** 공책 싸뭇	**ของขวัญ** 선물 컹-콴
แก้ 해결하다, 고치다 깨-	**ปัญหา** 문제 빤하-	

• 공책 가지고 와줘서 고마워.

ขอบคุณที่ เอา สมุด มา

• 선물 가지고 와줘서 고마워.

ขอบคุณที่ เอา ของขวัญ มา

• 항상 해결해줘서 고마워.

ขอบคุณที่ แก้ ให้ เสมอ

• 문제 해결해줘서 고마워.

ขอบคุณที่ แก้ ปัญหา

• 항상 가지고 와줘서 고마워.

ขอบคุณที่ เอามา เสมอ

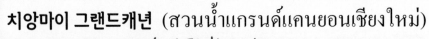

과거 돌을 캐던 채석장에 비가 차오르며 만들어진 치앙마이 그랜드캐년. 물놀이를 즐기고픈 여행객들에게 거대한 수영장 같은 존재가 되었다. 협곡 벽을 반듯하게 깎아 세운 듯 가팔라 점프 포인트로 유명해졌는데 그 인기가 높아져 지금은 워터파크로도 운영되고 있다. 규모가 그리 크진 않지만 있을 것은 다 있는 재미난 곳이다. 다이빙 만큼이나 인기가 많은 짚라인은 그랜드캐년을 가로지르며 시원한 바람을 맞기에 안성맞춤이다. 수심히 높아 안전요원들이 항상 상주해 있으며 아이는 물론 성인도 구명조끼를 필수로 착용해야 한다. 협곡 속 스릴을 즐겨보자!

어떤 대화를 하는지 먼저 살펴볼까요?

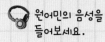
원어민의 음성을
들어보세요.

Thailand_37.mp3

1 A : ทำไม ชาวต่างชาติ ทุกคน กำลัง
탐마이　차-우땅-찻-　툭콘　깜랑

　　กระโดด น้ำ
　　끄라돗-　남-

B : ชาวต่างชาติ นิยม กระโดด น้ำ ที่นี่
차-우땅-찻-　니욤　끄라돗-　남-　티-니-

2 A : น้ำ ดู ลึก เกินไป
남-　두-　륵　끄ㅓㄴ-빠이

　　พวกเขา กล้าหาญ มาก
　　푸-악카오　끌라-한-　막-

B : ลึก จริงๆ คุณ ว่ายน้ำ เป็นไหม
륵　찡찡　쿤　와-이남-　뻰마이

3 A : ว่ายน้ำ ไม่ เป็น
와-이남-　마이　뻰

B : ไม่ ต้อง ห่วง รอ ก่อน
마이　떵-　후-앙　러-　껀-

⭐ WORD

กระโดด 점프하다 끄라돗-	**นิยม** 좋아하다, 유행하다 니욤	**ลึก** 깊다 륵
พวกเขา 그들 푸-악카오	**ว่ายน้ำ** 수영하다 와-이남-	**ห่วง** 염려하다, 근심하다 후-앙

» ชาวต่างชาติ은 '외국인'을 뜻한다. 하지만
차-우땅-찻-
구어체에서는 일반적인 '외국인'의 개념을
인종으로 나뉘어 부른다.

ex 백인 = ฝรั่ง
파랑

흑인 = คนผิวสี
콘피우씨-

한국인 = คน เกาหลี
콘 까올리-

일본인 = คน ญี่ปุ่น
콘 이-뿐

아시아인은 나라로 구분지어 부른다.

» รอ ก่อน은 '잠시만, 잠깐만 기다려'라는
러- 껀-
의미이다. 비슷한 표현으로
เดี๋ยวก่อน. รอสักครู่가 있다.
디-야우껀- 러-싹크루-

STEP 1. 성조 보고 태국어로 말해보기

1

A : 탐마이 차-우땅-찻- 툭콘
깜랑 끄라돗- 남-

B : 차-우땅-찻- 니욤 끄라돗- 남-
티-니-

2

A : 남- 두- 륵 끄ㅓㄴ-빠이
푸-악카오 끌라-한- 막-

B : 륵 찡찡
쿤 와-이남- 뻰마이

3

A : 와-이남- 마이 뻰

B : 마이 뻥- 후-앙 러- 껀-

1

A : ทำไม ชาวต่างชาติ ทุกคน กำลัง กระโดด น้ำ

B : ชาวต่างชาติ นิยม กระโดด น้ำ ที่นี่

1

A : 왜 모든 외국인들이 다이빙을 하고 있는 거야?

B : 외국인들이 여기서 다이빙하는 거 좋아해.

2

A : น้ำ ดู ลึก เกินไป พวกเขา กล้าหาญ มาก

B : ลึก จริงๆ คุณ ว่ายน้ำ เป็นไหม

2

A : 물이 진짜 깊어 보이는데 저들은 진짜 용감한가 봐.

B : 진짜로 깊어. 너 수영할 줄 알아?

3

A : ว่ายน้ำ ไม่ เป็น

B : ไม่ ต้อง ห่วง รอ ก่อน

3

A : 수영 못해.

B : 걱정할 필요없어. 잠깐만 기다려볼래.

เป็นไหม ~(기술, 능력)할 수 있어?
빼ㄴ마이

- **คุณ พูด ภาษา จีน เป็นไหม**
  쿤   풋   파ー싸ー   찐ー   빼ㄴ마이

  중국어 구사할 수 있어?

- **คุณ พูด ภาษา ฝรั่งเศส เป็นไหม**
  쿤   풋   파ー싸ー   파랑쎗   빼ㄴ마이

  프랑스어 구사할 수 있어?

- **คุณ ร้องเพลง เป็นไหม**
  쿤   렁ー플랭ー   빼ㄴ마이

  노래 부를 수 있어?

- **คุณ ขี่ จักรยาน เป็นไหม**
  쿤   키ー   짝끄라얀ー   빼ㄴ마이

  자전거 탈 수 있어?

- **ผม ว่ายน้ำ เป็น**
  폼   와ー이남ー   빼ㄴ

  수영할 줄 안다.

Point 1 เป็น의 다양한 의미
뺀

• ~이다

• 배워야 생기는 능력 혹은 어떤 기술을 할 수 있는 것 **ex** 수영, 컴퓨터, 운전, 외국어 … 등

Point 2 '할 수 있다'의 ได้는 일반적인 가능/불가능을 표현할 때 사용한다.
다-이

STEP 2. 제시된 단어를 활용하여 직접 써보기

• **จีน** 중국
찐-

• **ฝรั่งเศส** 프랑스
파랑쎗-

• **ร้องเพลง** 노래 부르다
렁-플렝-

• **ขี่** (자전거, 오토바이)운전하다
키-

• **จักรยาน** 자전거
짝끄라얀-

• 중국어 구사할 수 있어?

คุณ พูด ภาษา จีน เป็นไหม

• 프랑스어 구사할 수 있어?

คุณ พูด ภาษา ฝรั่งเศส เป็นไหม

• 노래 부를 수 있어?

คุณ ร้องเพลง เป็นไหม

• 자전거 탈 수 있어?

คุณ ขี่ จักรยาน เป็นไหม

• 수영할 줄 안다.

ผม ว่ายน้ำ เป็น

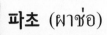

38 파초 (ผาช่อ)

➡ 오늘 배울 표현은 **설령 ~라 하더라도**

파초는 지구 판 하나가 상승과 침식이 계속되어 생겨난 기괴한
모양의 절벽이다. 지질학자들이 파초의 자갈과 돌을 관찰한
결과 이 지역은 강의 흐름이 바뀌기 전이었던 1,000년
전만 해도 강의 일부였다고 한다. 절벽의 높이는 약 30m
정도이며 끝이 보이지 않는 나무들로 둘러쌓여있다. 뱀부
래프팅으로 유명한 매왕 국립공원의 주요 명소이기도 하다.
도이인타논 국립공원과 가까워 돌아오는 길에 들리면
좋은데 파초 근처에는 주유소가 없기 때문에 미리 연료를
충전한 후 출발하는 것이 좋다. 짧은 트래킹이지만 언덕을
올라가야 하니 꼭 편한 신발을 신고 가도록 하자.

어떤 대화를 하는지 먼저 살펴볼까요?

 원어민의 음성을
들어보세요.

Thailand_38.mp3

1

A : ไป ปั๊มน้ำมัน ก่อน
　　빠이　빰남만　껀-

B : คิด ว่า น้ำมัน ยัง พอ อยู่
　　킷　와-　남만　양　퍼-　유-

2

A : แม้ว่า มี น้ำมัน พอ แต่ ก็ อยาก เติม
　　매-와-　미-　남만　퍼-　때-　꺼　약-　뜨ㅓㅁ-

B : พอได้ แล้ว
　　퍼-다-이　래-우

3

A : รองเท้า นี้ ของ ใคร
　　렁-타오　니-　컹-　크라이

B : ของ ผม
　　컹-　폼-

ยย่ ลืม ใส่ รองเท้า กีฬา นะ
야-　름-　싸이　렁-타오　끼-라-　나

⭐ WORD

ปั๊มน้ำมัน 주유소 빰남만	**น้ำมัน** 기름, 석유 남만	**เติม** 넣다, 더하다 뜨ㅓㅁ-
พอได้ 그냥저냥, 그런대로 퍼-다-이	**รองเท้า** 신발 렁-타오	**กีฬา** <u>스포츠</u>, 운동 끼-라-

실전여행 대화한 내용을 떠올리며
원어민의 음성을 듣고 태국어로 말해보세요.

» 태국어에서는 청자가 화자가 말하는
주어(나, 너, 그, 그녀 등)를 이미 알고
있다면 주어를 사용하지 않아도 된다.
즉 영어처럼 모든 문장에 주어가
위치하지 않아도 된다.

ex A : 네 생각은 어때?

B : 내 생각에는... ผม คิด ว่า (o)
폼 킷 와

คิด ว่า (o)
킷 와

» ใส่의 다양한 의미
싸이

• 입다, 신다

ex 양말을 신다 ใส่ ถุงเท้า
싸이 퉁타오

• 넣다, 뿌리다

ex 설탕을 넣지 않는다 ไม่ ใส่ น้ำตาล
마이 싸이 남딴-

STEP 1. 성조 보고 태국어로 말해보기

1

A : 빠이 빱남만 껀-

B : 킷 와- 남만 양 퍼- 유-

2

A : 매-와- 미- 남만 퍼-
때- 꺼- 약- 뜨ㅓㅁ-

B : 퍼-다-이 래-우

3

A : 렁-타오 니- 컹- 크라이

B : 컹- 폼
야- 름- 싸이 렁-타오 끼-라- 나

260

1

A : ไป ปั๊มน้ำมัน ก่อน

B : คิด ว่า น้ำมัน ยัง พอ อยู่

2

A : แม้ว่า มี น้ำมัน พอ
แต่ ก็ อยาก เติม

B : พอได้ แล้ว

3

A : รองเท้า นี้ ของ ใคร

B : ของ ผม
อย่า ลืม ใส่ รองเท้า กีฬา
นะ

1

A : 먼저 주유소에 들르자.

B : 기름은 아직 충분히 있는 것 같아.

2

A : 기름이 충분히 있더라도 채우고 싶어.

B : 그런대로 충분해.

3

A : 이 신발은 누구 거야?

B : 내 거야,
운동화 신는 거 잊지 마.

แม้ว่า...(แต่)ก็ 설령 ~라 하더라도
매-와-   (때-)꺼-

- **แม้ว่า รองเท้า เล็ก (แต่) ผม ก็ ใส่ ได้**
  매-와-   렁-타오   렉   (때-)   폼   꺼-   싸이   다-이

  설령 신발이 작을지라도 신을 수 있다.

- **แม้ว่า รองเท้า สกปรก (แต่) ผม ก็ ใส่ ได้**
  매-와-   렁-타오   쏙까쁘록   (때-)   폼   꺼-   싸이   다-이

  설령 신발이 더러울지라도 신을 수 있다.

- **แม้ว่า นี่ ดู เก่า (แต่) ผม ก็ อยาก เอา**
  매-와-   니-   두-   까오   (때-)   폼   꺼-   약-   아오

  설령 이것이 낡아 보일지라도 갖기를 원한다.

- **แม้ว่า นี่ หนัก (แต่) ผม ก็ อยาก เอา**
  매-와-   니-   낙   (때-)   폼   꺼-   약-   아오

  설령 이것이 무거울지라도 갖기를 원한다.

- **แม้ว่า มัน มีค่า (แต่) ผม ก็ ไม่ อยาก เอา**
  매-와-   만   미-카-   (때-)   폼   꺼-   마이   약-   아오

  설령 그것이 귀중할지라도 원하지 않는다.

STEP 2. 제시된 단어를 활용하여 직접 써보기

เล็ก 작다
렉

สกปรก 더럽다
쏙까쁘록

เก่า 오래되다, 낡다
까오

หนัก 무겁다
낙

มีค่า 가치 있다, 귀중하다
미-카-

- 설령 신발이 작을지라도 신을 수 있다.

แม้ว่า รองเท้า เล็ก (แต่) ผม ก็ ใส่ ได้

- 설령 신발이 더러울지라도 신을 수 있다.

แม้ว่า รองเท้า สกปรก (แต่) ผม ก็ ใส่ ได้

- 설령 이것이 낡아 보일지라도 갖기를 원한다.

แม้ว่า นี่ ดู เก่า (แต่) ผม ก็ อยาก เอา

- 설령 이것이 무거울지라도 갖기를 원한다.

แม้ว่า นี่ หนัก (แต่) ผม ก็ อยาก เอา

- 설령 그것이 귀중할지라도 원하지 않는다.

แม้ว่า มัน มีค่า (แต่) ผม ก็ ไม่ อยาก เอา

태국 편의점 선물 TOP3

태국은 우리나라만큼이나 편의점이 많은 나라로 7-11, family mart가 주를 이룬다. 편의점이 아니라 큰 마켓이라 봐도 될 만큼 다양한 상품을 팔고 있다. 편의점에서 구매하면 좋은 선물용 Top 3 상품을 소개해본다.

야돔

태국어로 야는 '약'을 뜻하고 돔은 '들이마시다'라는 뜻이다. '코로 들이마시는 약'이라 볼 수 있는데 태국에서 굉장히 대중화된 상품이다. 졸음이 오거나, 코가 막히거나, 머리가 어지러울 때 사용하면 민트향이 정신을 번쩍 들게 한다. 아로마 오일과 함께 겸비된 상품도 있어 코밑이나 귀 뒤에 발라서 사용할 수 있다. 선물용으로 강력추천!

꿀

태국은 일 년 내내 기온이 높은 나라이기 때문에 꽃이 항상 피어있다. 그리하여 꿀 생산량이 많고 다양한 꿀이 생산되는데 왕실 프로젝트로 만들어진 꿀 브랜드를 편의점에서도 쉽게 구매할 수 있다. 작은 용량도 판매하고 있어 선물용으로 안성맞춤!

타이티

태국의 진한 달콤함이 담긴 타이티를 집에서도 만들어 먹을 수 있는 믹스팩이다. 우유나 물에 녹여주기만 하면 되는데 연유와 함께 선물해도 좋다. 시원하게 얼음까지 넣어 마시면 태국에서 먹었던 그 맛 그대로 느낄 수 있다. 가성비 좋고 호불호 없이 모두가 좋아하는 타이티!

방콕 근교 추천 여행지

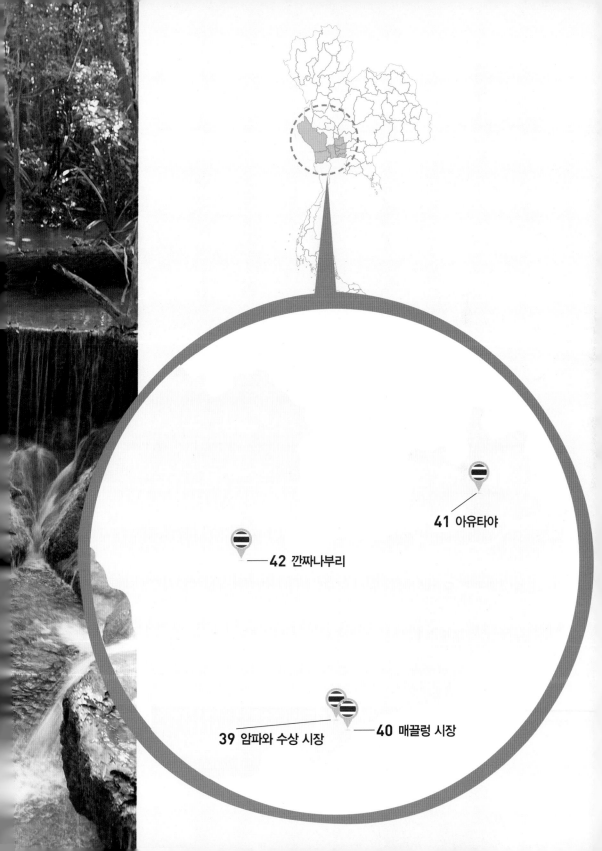

41 아유타야

42 깐짜나부리

39 암파와 수상 시장

40 매끌렁 시장

암파와 수상 시장 (ตลาดน้ำอัมพวา)
➡️ 오늘 배울 표현은 **훨씬 더**

방콕에서 차로 1시간 반정도 떨어진 수상 시장으로 금, 토, 일만 열린다. 물줄기를 따라 지어진 오래된 목제 건물들은 과거에서 시간이 멈춘 듯하고 아기자기한 볼거리와 먹을거리로 가득 차 있다. 현지인들도 많이 찾는 시장이라 낮은 한가롭다가도 해가 지면 홍등 불빛 아래 활기가 넘치는 곳으로 변한다. 문득 애니메이션 〈센과 치히로의 행방불명〉이 떠오른다. 이곳의 자랑거리는 바로 반딧불 투어. 어둠 속에서 반짝이는 반딧불을 보고 있노라면 크리스마스 트리를 보는 듯한 착각이 든다. 패키지 투어보다는 1박 2일의 일정으로 아침, 점심, 저녁 모두 다른 느낌의 암파와 수상 시장을 느껴보길 바란다.

어떤 대화를 하는지 먼저 살펴볼까요?

 원어민의 음성을
들어보세요.

▶ Thailand_39.mp3

1

A : ที่นี่ บรรยากาศ ดี นะ ครับ
티-니- 반야-깟- 디- 나 크랍

B : บรรยากาศ กลางคืน ดี มากกว่า
반야-깟- 끌랑-큰- 디- 막-꽈-

กลางวัน ค่ะ
끌랑-완 카

2

A : ปลาหมึก ปิ้ง บน เรือ เหรอ ครับ
쁠라-믁 삥 본 르-아 르↗ㅓ- 크랍

B : ทำอาหาร บน เรือ และ ขาย ที่
탐아-한- 본 르-아 래 카↗이 티-

ตลาดน้ำ ค่ะ
딸랏-남- 카

3

A : อาหาร ที่ ผู้หญิง คน นั้น กิน คือ
아-한- 티- 푸-잉 콘 난 낀 크-

อะไร ครับ
아라이 크랍

B : ก๋วยเตี๋ยว ค่ะ ลอง ชิม หน่อย ไหม คะ
꾸↗아이띠↗야우 카 렁- 침 너-이 마이 카

⭐ WORD

บรรยากาศ 분위기, 정취	**กลางคืน** 밤	**ปลาหมึก** 오징어
반야-깟-	끌랑-큰-	쁠라-믁
ขาย 팔다	**ตลาดน้ำ** 수상 시장	**ชิม** 맛보다
카-이	딸랏-남-	침

실전여행

대화한 내용을 떠올리며
원어민의 음성을 듣고 태국어로 말해보세요.

» '굽다'라는 뜻으로 ปิ้ง과 ย่าง이 있다.
        뼁   양-

ปิ้ง : 꼬치에 끼워 굽는 것
  뼁

ย่าง : 꼬치 없이 굽는 것
  양-

» บน은 '~위에'라는 뜻으로
   본

[บน + 물체]의 형태로 사용한다.

ex 책상 위에 บน โต๊ะ
              본   또

    책 위에   บน หนังสือ
              본   낭쓰-

1

A : 티-니- 반야-깟- 디- 나 크랍

B : 반야-깟- 끌랑-큰- 디-
    막-꽈- 끌랑-완 카

2

A : 쁠라-믁 뼁 본 르-아
    르ㅓ- 크랍

B : 탐아-한- 본 르-아
    래 카-이 티- 딸랏-남- 카

3

A : 아-한- 티- 푸-잉 콘 난
    낀 크- 아라이 크랍

B : 꾸-아이띠-야우 카
    렁- 침 너-이 마-이 카

1

A : ที่นี่ บรรยากาศ ดี นะ ครับ

B : บรรยากาศ กลางคืน ดี
มากกว่า กลางวัน ค่ะ

2

A : ปลาหมึก ปิ้ง บน เรือ
เหรอ ครับ

B : ทำอาหาร บน เรือ
และ ขาย ที่ ตลาดน้ำ ค่ะ

3

A : อาหาร ที่ ผู้หญิง คน นั้น
กิน คือ อะไร ครับ

B : ก๋วยเตี๋ยว ค่ะ
ลอง ชิม หน่อย ไหม คะ

1

A : 여기 분위기가 좋네요.

B : 밤 분위기가 낮보다 훨씬 더 좋답니다.

2

A : 오징어를 배 위에서 굽는 거예요?

B : 보트 위에서 요리를 하고 시장에서 팔죠.

3

A : 그 여자가 먹는 음식은 무엇인가요?

B : 태국 쌀국수예요.
맛 좀 볼래요?

271

มากกว่า 훨씬 더
막–꽈–

STEP 1. 성조 보고 말해보기

- **คุณ ดู ตลก มากกว่า ฉัน**
  쿤 두– 딸록   막–꽈–   찬
  네가 나보다 훨씬 더 웃기게 보인다.

- **ความสัมพันธ์ ของ เรา มากกว่า เพื่อน**
  쾀–쌈판   컹– 라오 막–꽈– 프–안
  우리의 관계는 친구 이상을 훨씬 넘는다.

- **ห้อง ของ ฉัน สะอาด มากกว่า**
  헝– 컹– 찬   싸앗–   막–꽈–
  내 방이 훨씬 더 깨끗하다.

- **คุณ เตี้ย กว่า ฉัน**
  쿤   띠–야   꽈– 찬
  네가 나보다 더 작다.

- **ปิ้ง ง่าย กว่า**
  삥   응아–이 꽈–
  (꼬치로) 굽는 것이 더 쉽다.

272

비교급 **กว่า** '~보다, 그 이상'과 비슷한 표현이지만 비교의 크기가 더 큰 것으로 '더 많이, 훨씬 더'라고
꽈-
해석한다.

ex 이것은 좀 더**(กว่า)** 달지만 건강에는 훨씬 더**(มากกว่า)** 좋다
꽈-　　　　　　　　　　막-꽈-

STEP 2. 제시된 단어를 활용하여 직접 써보기

ตลก 우습다, 재밌다, 익살맞다　　**ความสัมพันธ์** 관계, 인연　　**สะอาด** 깨끗하다
딸록　　　　　　　　　　　　　　　쾀-쌈판　　　　　　　　　　싸앗-

เตี้ย (키가)작다　　**ง่าย** 쉽다
띠-야　　　　　　　　응아-이

• 네가 나보다 훨씬 더 웃기게 보인다.

คุณ ดู ตลก มากกว่า ฉัน

• 우리의 관계는 친구 이상을 훨씬 넘는다.

ความสัมพันธ์ ของ เรา มากกว่า เพื่อน

• 내 방이 훨씬 더 깨끗하다.

ห้อง ของ ฉัน สะอาด มากกว่า

• 네가 나보다 더 작다.

คุณ เตี้ย กว่า ฉัน

• (꼬치로) 굽는 것이 보다 더 쉽다.

ปิ้ง ง่าย กว่า

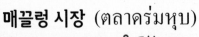

40 매끌렁 시장 (ตลาดร่มหุบ)

➡ 오늘 배울 표현은 ~을 믿는다

세상에서 가장 위험한 시장이라 불리는 매끌렁 시장. 기찻길을 사이에 두고 양쪽으로 시장이 열리기 때문인데 철길 바로 옆에 상품들이 진열되어 있다. 기차 소리가 나는 동시에 상인들은 능숙하게 펼쳐진 천막을 재빠르게 접고 바퀴가 달린 진열대를 움직이며 단 몇 초 만에 정리를 끝낸다. 자신 바로 옆으로 지나가는 기차를 보면 순간 멈칫하게 되는데 이것이 바로 아슬아슬한 매끌렁 시장의 매력이다. 기찻길을 끝까지 따라가다 보면 종착역이 있어 다시 돌아가는 기차에 탑승할 수 있다. 기차에 앉아서 보더라도 매끌렁 시장의 아슬아슬함은 손에 땀을 쥐게 한다.

어떤 대화를 하는지 먼저 살펴볼까요?

 원어민의 음성을
들어보세요.

Thailand_40.mp3

1

A : รถไฟ ผ่าน ตลาด นี้ เหรอ
롯파이　판－　딸랏－　니－　러어－

B : ก่อน รถไฟ จะ มาถึง ลอง มอง
껀－　　롯파이　　짜　마ㅡ틍　렁ㅡ　멍ㅡ

พ่อค้า สิ
퍼ㅡ카ㅡ　씨

2

A : ตอนนี้ เชื่อ แล้ว ว่า ทำไม ตลาด
떠ㅡ니ㅡ　츠ㅡ아　래ㅡ우　와ㅡ　탐마이　딸랏ㅡ

นี้ อันตราย ที่สุด
니ㅡ　안따라ㅡ이　티ㅡ쑷

B : มัน น่าสนใจ มากๆ ใช่มั้ย
만　나ㅡ손짜이　막ㅡ막ㅡ　차이마이

3

A : อยาก พา พี่สาว มา ครั้ง ต่อไป
약ㅡ　파ㅡ　피ㅡ싸ㅡ우　마ㅡ　크랑　떠ㅡ빠이

B : ให้ พี่สาว ขึ้น รถไฟ ด้วย นะ
하이　피ㅡ싸ㅡ우　큰　롯파이　두ㅡ아이　나

⭐ WORD

- **มาถึง** 도착하다
  마ㅡ틍

- **พ่อค้า** 상인
  퍼ㅡ카ㅡ

- **น่าสนใจ** 흥미롭다
  나ㅡ손짜이

- **พา...มา** 데리고 오다
  파ㅡ 마ㅡ

- **พี่สาว** 언니
  피ㅡ싸ㅡ우

- **ต่อไป** 나중에
  떠ㅡ빠이

실전여행

대화한 내용을 떠올리며
원어민의 음성을 듣고 태국어로 말해보세요.

tip 00

» มอง 은 '~을 (주의 깊게)살피다, 바라보다,
   멍~
응시하다'라는 뜻이다.

일상대화에서 '보이지 않는다, 안 보여'등을

มอง ไม่ เห็น이라 하는데 자주 사용하는
멍~   마이 헨
표현이다.

STEP 1. 성조 보고 태국어로 말해보기

1

A : 롯파이 판- 딸랏- 니- 르ㅓ-

B : 껀- 롯파이 짜 마-틍
렁- 멍- 퍼-카- 씨

2

A : 떤-니- 츠-아 래-우 와-
탐마이 딸랏- 니- 안따라-이 티-쑷

B : 만 나-쏜짜이 막-막- 차이마이

3

A : 약- 파- 피-싸-우 마-
크랑 떠-빠이

B : 하이 피-싸-우 큰 롯파이
두-아이 나

1

A : รถไฟ ผ่าน ตลาด นี้ เหรอ

B : ก่อน รถไฟ จะ มาถึง
ลอง มอง พ่อค้า สิ

2

A : ตอนนี้ เชื่อ แล้ว ว่า
ทำไม ตลาด นี้ อันตราย
ที่สุด

B : มัน น่าสนใจ มากๆ ใช่มั้ย

3

A : อยาก พา พี่สาว มา
ครั้ง ต่อไป

B : ให้ พี่สาว ขึ้น รถไฟ
ด้วย นะ

1

A : 기차가 이 시장을 지나간다고?

B : 기차가 도착하기 전에 상인들을 잘 봐봐!

2

A : 이제야 왜 이 시장을 가장 위험하다고 하는지 믿겠어.

B : 정말 흥미롭지?

3

A : 다음 번에는 언니를 데리고 오고 싶다.

B : 언니가 기차도 탈 수 있도록 해봐.

เชื่อว่า   ~을 믿는다
츠-아와-

STEP 1. 성조 보고 말해보기

- เชื่อว่า กระเป๋าสตางค์ นี้ เป็น ของปลอม
  츠-아와-   끄라빠오싸땅-   니-   뺀   컹-빨럼-

  이 지갑이 가짜라는 것을 믿는다.

- เชื่อว่า กระเป๋าสตางค์ นี้ ไม่ใช่ ของปลอม
  츠-아와-   끄라빠오싸땅-   니-   마이차이   컹-빨럼-

  이 지갑이 가짜가 아니라는 것을 믿는다.

- เชื่อว่า อดีต ของ เขา เป็น จริง
  츠-아와-   아딧-   컹-   카오   뺀   찡

  그의 과거가 진짜라는 것을 믿는다.

- ไม่ เชื่อว่า แหวน นี้ เป็น ของปลอม
  마이   츠-아와-   웬-   니-   뺀   컹-빨럼-

  이 반지가 가짜라는 것을 믿지 않는다.

- ไม่ เชื่อว่า พี่สาว อาย
  마이   츠-아와-   피-싸-우   아-이

  언니가 부끄럽다는 것을 믿지 않는다.

Point 1 เชื่อ는 '믿다'라는 뜻으로 ว่า와 결합되어 '~(주어+동사)를 믿는다'라는 표현이 된다.
츠-아   와-

Point 2 ไม่ เชื่อว่า = ~(주어 + 동사)를 믿지 않는다
마이 츠-아와-

STEP 2. 제시된 단어를 활용하여 직접 써보기

· **กระเป๋าสตางค์** 지갑   · **ของปลอม** 가짜   · **อดีต** 과거
끄라빠오싸땅-   컹-쁠럼-   아딧-

· **แหวน** 반지   · **อาย** 부끄럽다
웬-   아-이

· 이 지갑이 가짜라는 것을 믿는다.

เชื่อว่า กระเป๋าสตางค์ นี้ เป็น ของปลอม

· 이 지갑이 가짜가 아니라는 것을 믿는다.

เชื่อว่า กระเป๋าสตางค์ นี้ ไม่ใช่ ของปลอม

· 그의 과거가 진짜라는 것을 믿는다.

เชื่อว่า อดีต ของ เขา เป็น จริง

· 이 반지가 가짜라는 것을 믿지 않는다.

ไม่ เชื่อว่า แหวน นี้ เป็น ของปลอม

· 언니가 부끄럽다는 것을 믿지 않는다.

ไม่ เชื่อว่า พี่สาว อาย

41 아유타야 (เทศบาลนครพระนครศรีอยุธยา)

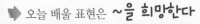
➡️ 오늘 배울 표현은 ~을 희망한다

유네스코 세계유산으로 등재된 아유타야. 시암(타이 왕국의 옛 이름) 왕국의 두 번째 수도로 400년 정도 유지되었다. 아유타야의 왕들은 그들의 힘을 백성들에게 과시하기 위해 도시 전체를 수많은 사원과 왕궁으로 채웠는데 18세기 버마인들로 인해 모두 파괴되었다. 현재는 남겨진 일부만 볼 수 있다. 강으로 둘러싸인 아유타야를 천천히 걷다 보면 오래전 왕성했던 왕국의 운치에 서서히 젖어 들게 된다. 아유타야에 갔다면 꼭 먹어야 할 것이 있는데 그것은 바로 민물새우! 시내에서 10분 정도 떨어진 새우 시장(딸랏꿍)에 가면 갓 잡은 싱싱한 새우구이를 맛볼 수 있다. 그 크기가 랍스터라고 해도 과언이 아니다!

미리보기

어떤 대화를 하는지 먼저 살펴볼까요?

 원어민의 음성을 들어보세요.

Thailand_41.mp3

1 A : ถนน ลื่น ครับ ดูแล ย่า และ ปู่
타논 른- 크랍 두-래- 야- 래 뿌-

ด้วย ครับ
두-아이 크랍

B : จะ รอ จนกว่า ถนน แห้ง ค่ะ
짜 러- 쫀꽈- 타논 행- 카

2 A : หวังว่า ฝน จะ ไม่ ตก อีก ครับ
왕와- 폰 짜 마이 똑 익- 크랍

B : ฝน ตก บ่อย ไหม คะ
폰 똑 버-이 마이 카

3 A : ครับ ระวัง นะ ครับ
크랍 라왕 나 크랍

B : ออกไป ลำบาก ค่ะ
억-빠이 람박- 카

มัน มืด แล้ว ด้วย ค่ะ
만 믓- 래-우 두-아이 카

✿ WORD

ถนน 도로 타논	**ย่า** 친할머니 아-	**ปู่** 친할아버지 뿌-
แห้ง 마르다, 건조하다 행-	**บ่อย** 자주 버-이	**มืด** 어둡다 믓-

대화한 내용을 떠올리며
원어민의 음성을 듣고 태국어로 말해보세요.

» 태국어에서는 할아버지, 할머니를 지칭하는

단어가 모두 다르다.

ex 외할머니 ยาย
야-이

친할머니 ย่า
야-

외할아버지 ตา
따-

친할아버지 ปู่
뿌-

» ลำบาก은 '힘들다, 고생하다, 어렵다'를
람박-

뜻하며 구어체에서 자주 사용된다.

ex ~하느라 힘들죠 ?

~ ลำบาก ไหม คะ / ครับ
람박- 마이 카 크랍

ex 너무 힘들어요

ลำบาก มาก ค่ะ / ครับ
람박- 막- 카 크랍

1

A : 타논 른- 크랍
두-래- 야- 래 뿌- 두-아이 크랍

B : 짜 러- 쫀꽈- 타논 행- 카

2

A : 왕와- 폰 짜 마이 똑 익- 크랍

B : 폰 똑 버-이 마이 카

3

A : 크랍 라왕 나 크랍

B : 억-빠이 람박- 카
만 믓- 래-우 두-아이 카

1

A : ถนน ลื่น ครับ

ดูแล ย่า และ ปู่ ด้วย ครับ

B : จะ รอ จนกว่า ถนน แห้ง

ค่ะ

2

A : หวังว่า ฝน จะ ไม่ ตก

อีก ครับ

B : ฝน ตก บ่อย ไหม คะ

3

A : ครับ ระวัง นะ ครับ

B : ออกไป ลำบาก ค่ะ

มัน มืด แล้ว ด้วย ค่ะ

1

A : 길이 미끄러워요.

친할머니와 친할아버지를 잘 돌보세요.

B : 길이 마를 때까지 기다리려고요.

2

A : 비가 더 내리지 않으면 좋겠네요.

B : 비가 자주자주 오나요?

3

A : 네. 조심하세요.

B : 나가기 힘들겠어요.

이미 어두워지기도 했고요.

หวังว่า
왕와-
~을 희망한다

STEP 1. 성조 보고 말해보기

- **หวังว่า จะ มี เก้าอี้ อีก**
  왕와-　　짜　미-　　까오이-　　익-

  의자가 더 있었으면 좋겠다.

- **หวังว่า จะ มี กระดาษ อีก**
  왕와-　　짜　미-　　끄라닷-　　익-

  종이가 더 있었으면 좋겠다.

- **หวังว่า จะ มี ตู้เย็น ใหญ่ กว่า นี้**
  왕와-　　짜　미-　뚜-옌　　아이　　꽈-　　니-

  이것보다 더 큰 냉장고가 있었으면 좋겠다.

- **หวังว่า คุณ จะ รักษา สัญญา**
  왕와-　　쿤　　짜　락싸-　　싼야-

  당신이 맹세를 지키기를 바란다.

- **หวังว่า ถนน จะ แห้ง**
  왕와-　　타논-　　짜　행-

  길이 마르기를 바란다.

Point 1 หวัง은 '희망하다'라는 뜻으로 ว่า와 결합되어 '~(주어+동사)를 희망한다, 바란다, 기대한다'라는
완
와~
표현이 된다.

Point 2 ไม่ หวังว่า = ~(주어+동사)를 바라지 않는다
마이   왕와~

STEP 2. 제시된 단어를 활용하여 직접 써보기

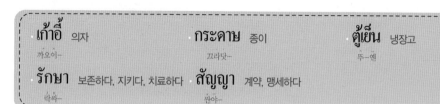

เก้าอี้ 의자   • กระดาษ 종이   ตู้เย็น 냉장고
까오이~   끄라닷~   뚜~엔

รักษา 보존하다, 지키다, 치료하다   สัญญา 계약, 맹세하다
락싸~   싼야~

• 의자가 더 있었으면 좋겠다.

หวังว่า จะ มี เก้าอี้ อีก

• 종이가 더 있었으면 좋겠다.

หวังว่า จะ มี กระดาษ อีก

• 이것보다 더 큰 냉장고가 있었으면 좋겠다.

หวังว่า จะ มี ตู้เย็น ใหญ่ กว่า นี้

• 당신이 맹세를 지키기를 바란다.

หวังว่า คุณ จะ รักษา สัญญา

• 길이 마르기를 바란다.

หวังว่า ถนน จะ แห้ง

42 깐짜나부리 (กาญจนบุรี)

▶ 오늘 배울 표현은 **이제 막, 방금**

방콕에서 차로 3시간 정도 떨어진 깐짜나부리는 수려한 자연경관과 함께 방콕에서 가깝게 갈 수 있어 인기가 좋다. 우윳빛의 연한 푸른색 물이 7층으로 나누어져 150m를 낙하하는 에라완 폭포는 깐짜나부리에 갔다면 꼭 들려야 하는 곳이다. 영화 〈콰이강의 다리〉의 배경지, 국립공원, 죽음의 철도 등 다양한 관광지를 한 번에 볼 수 있는 일일투어도 좋지만 진정한 깐짜나부리의 매력을 알기 위해선 적어도 3일 정도가 필요하다. 강 위에 떠 있는 수상 가옥에서 보내는 하룻밤과 이른 아침 볼 수 있는 안개 낀 산까지… 이곳에서 보내는 모든 시간이 특별해지는 신기한 곳이다.

원어민의 음성을
들어보세요.

Thailand_42.mp3

1 A : ผม จะ เตรียม อาหาร เช้า ให้ คุณ
폼 짜 뜨-리얌 아-한- 차-오 하이 쿤

ครับ
크랍

B : เรา เพิ่ง กิน อาหาร เช้า ค่ะ
라오 프어- 낀 아-한- 차-오 카

2 A : เอา ชา อีก ไหม ครับ
아오 차- 익 마이 크랍

B : เอา ค่ะ ทิวทัศน์ สวยงาม มาก ค่ะ
아오 카 티우탓 쑤-아이응암- 막- 카

3 A : พรุ่งนี้ คุณ ดู พระอาทิตย์ขึ้น สิ
프룽니- 쿤 두- 프라아-팃큰 씨

ครับ
크랍

B : พระอาทิตย์ขึ้น กี่โมง คะ
프라아-팃큰 끼-몽- 카

⭐ WORD

เตรียม 준비하다 뜨-리얌	**เช้า** 아침, 일찍 차-오	**ชา** 차 차-
ทิวทัศน์ 풍경 티우탓	**สวยงาม** 아름답다, 수려하다 쑤-아이응암-	**พระอาทิตย์ขึ้น** 해가 뜨다, 해돋이 프라아-팃큰

실전여행

대화한 내용을 떠올리며
원어민의 음성을 듣고 태국어로 말해보세요.

» **กิน** 한 번 더 정리하기
  낀

'먹다'라는 뜻이지만 '마시다, 약을 복용하다'
로도 사용이 되며 격식 없이 편안하게
사용되는 단어이다. 식사와 예의가 중요한
나라인만큼 우리말의 '드시다, 잡수시다' 처럼
정중한 단어들이 있다.

ex **ทาน**   **รับ**
   탄-   랍

윗사람에 식사를 하는 것은 물론 자신이 식사를
한다는 것을 품위 있게 전달할 때도 사용한다.
'제가 먹습니다'의 느낌으로 전달된다.

» 미래를 나타내는 단어 내일, 다음 주, 다음
  달과 과거를 나타내는 단어 어제, 지난 주,
  지난 달 등이 이미 문장 안에 있다면

  미래형 **จะ**, 과거형 **แล้ว**를 생략해도 무관하다.
        짜   래-우

1

A : 폼 짜 뜨-리얌 아-한- 차-오
    하이 쿤 크랍

B : 라오 퍼ㅓ- 낀 아-한- 차-오 카

2

A : 아오 차- 익- 마이 크랍

B : 아오 카
    티우탓 쑤-아이웅암- 막- 카

3

A : 프룽니- 쿤 두-
    프라아-팃큰 씨 크랍

B : 프라아-팃큰 끼-몽- 카

1

A : ผม จะ เตรียม อาหาร เช้า ให้ คุณ ครับ

B : เรา เพิ่ง กิน อาหาร เช้า ค่ะ

1

A : 아침 식사 준비해드릴게요.

B : 저희는 지금 막 아침을 먹었어요.

2

A : เอา ชา อีก ไหม ครับ

B : เอา ค่ะ
ทิวทัศน์ สวยงาม มาก ค่ะ

2

A : 차를 더 드릴까요?

B : 주세요.
풍경이 너무 아름답네요.

3

A : พรุ่งนี้ คุณ ดู พระอาทิตย์ขึ้น สิ ครับ

B : พระอาทิตย์ขึ้น กี่โมง คะ

3

A : 내일은 해돋이를 꼭 보세요.

B : 해가 몇 시 쯤 뜨나요?

เพิ่ง

프 ㅓ ㅇ-

이제 막, 방금

STEP 1. 성조 보고 말해보기

- ฉัน เพิ่ง เป็น นักศึกษา

  찬   프ㅓㅇ-   뻰   닉쓱싸-

  나는 이제 막 대학생이 되었다.

- ฉัน เพิ่ง เป็น ตำรวจ

  찬   프ㅓㅇ-   뻰   땀루-앗

  나는 이제 막 경찰이 되었다.

- เพิ่ง ย้ายบ้าน

  프ㅓㅇ-   야-이반-

  이제 막 이사했다.

- เพิ่ง เรียนจบ

  프ㅓㅇ-   리-얀쫍

  이제 막 졸업했다.

- อย่า เพิ่ง กิน อาหารกลางวัน

  야-   프ㅓㅇ-   낀   아-한-끌랑-완

  아직 점심 먹지 마.

Point 1 เพิ่ง은 '이제 막 (동사)를 했다'라는 뜻으로 동사 앞에 위치한다.
프ㅓ아ㅇ-

Point 2 อย่าเพิ่ง은 '아직 ~을 하지 마'라는 표현으로 자주 사용된다.
야- 프ㅓ아ㅇ-

STEP 2. 제시된 단어를 활용하여 직접 써보기

นักศึกษา 대학생 낙쓱싸-	**ตำรวจ** 경찰 땀루-앗	**ย้ายบ้าน** 이사하다 야-이반-
เรียนจบ 졸업하다 리-얀쫍	**อาหารกลางวัน** 점심 아-한-끌랑-완	

- 나는 이제 막 대학생이 되었다.

  ฉัน เพิ่ง เป็น นักศึกษา

- 나는 이제 막 경찰이 되었다.

  ฉัน เพิ่ง เป็น ตำรวจ

- 이제 막 이사했다.

  เพิ่ง ย้ายบ้าน

- 이제 막 졸업했다.

  เพิ่ง เรียนจบ

- 아직 점심 먹지 마.

  อย่า เพิ่ง กิน อาหารกลางวัน

방콕 근교 추천 비치

43 꼬시창 (เกาะสีชัง)

➡️ 오늘 배울 표현은 **처음에는**

방콕에서 가까운 섬임에도 불구하고 이곳을 알고 있는 사람이 드물다. 오래전 태국 왕이 사랑했던 피서지로 과거에는 궁전이 있었지만 현재는 그 터만 볼 수 있다. 섬의 크기가 그리 크지 않아 스쿠터를 타고 2시간 정도면 섬 전체를 돌아볼 수 있는데 항구 앞에 툭툭이 항상 대기 중이니 스쿠터를 운전하지 못해도 괜찮다. 섬 어디를 가도 한적하게 바닷바람을 즐기는 현지인들만 있을 뿐 어느 곳 하나 붐비는 곳이 없다. 언덕 위에 바다가 시야 한가득 보이는 숙소가 좋으며 꼭 바다를 마주하여 커피 한 모금 마셔보길 바란다. 비슷한 이름의 섬으로 '꼬창'이 있는데 서로 다른 섬이니 주의하자.

미리보기

어떤 대화를 하는지 먼저 살펴볼까요?

 원어민의 음성을
들어보세요.

Thailand_43.mp3

1 A : คุณ เดินทาง คนเดียว เหรอ ครับ
쿤　　드ㅓㄴ-탕－　　콘디-야우　　러ㅓ－　　크랍

B : ค่ะ เป็น ครั้งแรก ที่ เดินทาง
카　　뻰　　크랑랙－　　티－　　드ㅓㄴ-탕－

คนเดียว ค่ะ
콘디-야우　　카

2 A : ปลอดภัย ไหม ครับ
쁠럿-파이　　마이　　크랍

B : ตอนแรก ฉัน กลัว มากๆ เลย ค่ะ
떤-랙－　　찬　　끌루아　　막-막－　　러ㅓ-이　　카

3 A : ขอให้ คุณ เติบโต ขึ้น นะ ครับ
커-하이　　쿤　　뜨ㅓㅂ-또－　　큰　　나　　크랍

B : คิดว่า ประสบการณ์ ใหม่ ทำให้
킷와－　　쁘라쏩깐－　　마이　　탐하이

ฉัน เติบโต ค่ะ
찬　　뜨ㅓㅂ-또－　　카

⭐ WORD

เดินทาง 여행하다, 길을 걷다	**คนเดียว** 혼자, 홀로, 한 사람	**ครั้งแรก** 첫 번째, 처음
드ㅓㄴ-탕－	콘디-야우	크랑랙－
ปลอดภัย 안전하다	**เติบโต** 성장하다	**ประสบการณ์** 경험
쁠럿-파이	뜨ㅓㅂ-또－	쁘라쏩깐－

실전여행

대화한 내용을 떠올리며
원어민의 음성을 듣고 태국어로 말해보세요.

tip 00

» ใหม่는 '새롭다'라는 뜻이다. 태국어에서는
  마이
발음은 같으나 성조가 다른 단어들이

많으니 잘 구분하자.

ex 부정형   ไม่
            마이

    의문문   ไหม
            마이

    새롭다   ใหม่
            마이

1

A : 쿤 드ᅥ∟-탕- 콘디-야우
    르ᅥ- 크랍

B : 카 뻰 크랑랙- 티-
    드ᅥ∟-탕- 콘디-야우 카

2

A : 쁠럿-파이 마이 크랍

B : 떤-랙- 찬 끌루아
    막-막- 르ᅥ-이 카

3

A : 커-하이 쿤 뜨ᅥㅂ-또- 큰 나 크랍

B : 킷와- 쁘라쏨깐- 마이
    탐하이 찬 뜨ᅥㅂ-또- 카

1

A: คุณ เดินทาง คนเดียว เหรอ ครับ

B: ค่ะ เป็น ครั้งแรก ที่ เดินทาง คนเดียว ค่ะ

1

A : 혼자 여행하시나요?

B : 네. 혼자 여행하는 건 처음이에요.

2

A : ปลอดภัย ไหม ครับ

B : ตอนแรก ฉัน กลัว มากๆ เลย ค่ะ

2

A : 안전한가요?

B : 처음에는 너무 무서웠죠.

3

A : ขอให้ คุณ เติบโต ขึ้น นะ ครับ

B : คิดว่า ประสบการณ์ ใหม่ ทำให้ ฉัน เติบโต ค่ะ

3

A : 더 성장해나가길 바랄게요.

B : 새로운 경험들이 저를 성장하게 하는 것 같아요.

ตอนแรก 처음에는
떤–랙–

- ตอนแรก เขา มี ความทุกข์ ที่ เดินทาง คนเดียว
  떤–랙–　카오　미–　쾀–툭　티–　드ㅓㄴ–탕–　콘디–야우

  처음에 그는 혼자 여행하는 것에 대한 괴로움이 있었다.

- ตอนแรก เขา บ่น เรื่อง เดินทาง
  떤–랙–　카오　본　르–엉　드ㅓㄴ–탕–

  처음에 그는 여행가는 것에 대해 투덜댔다.

- ตอนแรก ฉัน ไม่ได้ ออกกำลังกาย
  떤–랙–　찬　마이다–이　억–깜랑까–이

  처음에는 운동을 하지 않았다.

- ตอนแรก ไม่ได้ ทะเลาะ กัน
  떤–랙–　마이다–이　탈러　깐

  처음에는 서로 싸우지 않았다.

- ตอนแรก ไม่ได้ กิน ทุเรียน
  떤–랙–　마이다–이　낀　투리–얀

  처음에는 두리안을 먹지 않았다.

Point 1 ตอนแรก은 '우선, 처음에는'라는 뜻으로 문장 앞에 위치한다.
떤-랙-

Point 2 ตอน = '그 당시, 그 때, 그 시간'
떤-

แรก = '최초의, 기초'
랙-

STEP 2. 제시된 단어를 활용하여 직접 써보기

- **ความทุกข์** 슬픔, 고통, 괴로움 **บ่น** 불평하다, 투덜대다 **ออกกำลังกาย** 운동하다
  캄-툭 본 억-깜랑까-이
- **ทะเลาะ** 싸우다 **ทุเรียน** 두리안
  탈러 투리-얀

• 처음에 그는 혼자 여행하는 것에 대한 괴로움이 있었다.

ตอนแรก เขา มี ความทุกข์ ที่ เดินทาง คนเดียว

• 처음에 그는 여행가는 것에 대해 투덜댔다.

ตอนแรก เขา บ่น เรื่อง เดินทาง

• 처음에는 운동을 하지 않았다.

ตอนแรก ฉัน ไม่ได้ ออกกำลังกาย

• 처음에는 서로 싸우지 않았다.

ตอนแรก ไม่ได้ ทะเลาะ กัน

• 처음에는 두리안을 먹지 않았다.

ตอนแรก ไม่ได้ กิน ทุเรียน

44 사따힙 (สัตหีบ)

▶ 오늘 배울 표현은 **이 정도로**

파타야에서 차를 타고 40분 정도 가다 보면 사따힙에 도착한다. 맑은 물과 고운 모래가 있는 한적한 바닷가로 해군 부대 관리하에 있다. 관광객이 많은 파타야를 피해 현지인들이 찾는 바닷가로 주말이면 현지인들로 붐빈다. 사따힙과 가까운 무인도 섬으로는 코캄섬과 코사멘섬이 있는데 이 섬들 또한 해군 통제하에 있다. 하루 동안 방문할 수 있는 인원 수에 제한이 있어 관리가 잘 되어있는 편으로 평화로운 무인도 섬을 즐길 수 있다. 이미 많은 곳을 가보았거나 혹은 사람들이 모르는 특별한 곳에 가보고 싶다면 이곳을 추천한다.

미리보기 어떤 대화를 하는지 먼저 살펴볼까요?

 원어민의 음성을 들어보세요.

Thailand_44.mp3

1
A : ทหาร ดูแล เกาะ นี้ เหรอ ครับ
타한- 두-래- 꺼 니- 러+ 크랍

B : ดังนั้นจึง สะอาด ขนาดนี้ ค่ะ
당난쯩 싸앗- 카낫-니- 카

2
A : ทำไม คนไทย ทุกคน อยู่ ใต้ ต้นไม้
탐마이 콘타이 툭콘 유- 따이 똔마-이

ครับ
크랍

B : เพราะว่า คนไทย ไม่ ชอบ แดด ค่ะ
프러와- 콘타이 마이 첩- 댓- 카

3
A : ดังนั้น ทุกคน หลบ แดด อยู่ ครับ
당난 툭콘 롭 댓- 유- 크랍

B : พวกเขา ชอบ ผิว ขาว มากกว่า ค่ะ
푸-악카오 첩- 피우 카-우 막-꽈- 카

⭐ WORD

·ดังนั้นจึง 따라서, 고로 당난쯩	·ต้นไม้ 나무 똔마-이	·แดด 햇빛 댓-
·หลบ 피하다, 숨다 롭	·ผิว 피부 피우	·ขาว 하얗다 카-우

301

» 태국 사람들은 피부가 햇빛에 그을리거나
낮시간에 바깥에서 활동하는 것을 피하는
편이다. 그렇기에 휴가를 가더라도 낮에
물놀이를 하는 사람이 드물다.

» ใต้의 다양한 의미
따이

　• 남부

　　ex 남한(한국) = เกาหลี ใต้
　　　　　　　　　　까올리- 따이

　• ~아래에 , ~밑에

　　ex 책상 밑에 = ใต้ โต๊ะ
　　　　　　　　따이 또

STEP 1. 성조 보고 태국어로 말해보기

1

A : 타한- 두-래- 꺼 니- 르ㅓ- 크랍

B : 당난쯩 싸앗- 카낫-니- 카

2

A : 탐마이 콘타이 툭콘 유-
　　따이 똔마-이 크랍

B : 프러와- 콘타이 마이 첩- 댓- 카

3

A : 당난 툭콘 롭 댓- 유- 크랍

B : 푸-악카오 첩- 피우 카-우 막-꽈-
　　카

302

1

A : ทหาร ดูแล เกาะ นี้ เหรอ ครับ

B : ดังนั้นจึง สะอาด ขนาดนี้ ค่ะ

2

A : ทำไม คนไทย ทุกคน อยู่ ใต้ ต้นไม้ ครับ

B : เพราะว่า คนไทย ไม่ ชอบ แดด ค่ะ

3

A : ดังนั้น ทุกคน หลบ แดด อยู่ ครับ

B : พวกเขา ชอบ ผิว ขาว มากกว่า ค่ะ

1

A : 군인들이 이 섬을 관리하나 봐요?

B : 그렇기에 이렇게나 깨끗한 거예요.

2

A : 왜 태국 사람들은 모두 나무 밑에 있나요?

B : 태국 사람들은 햇빛을 좋아하지 않기 때문에 그래요.

3

A : 그래서 모두가 햇빛을 피해서 있는 거군요.

B : 그들은 하얀 피부를 훨씬 더 좋아하죠.

ขนาดนี้   이 정도로
카낫–니–

STEP 1. 성조 보고 말해보기

• **ไม่ เคย เห็น ว่า คุณ เหนื่อย ขนาดนี้**
마이 크ㅓ–이 헨 와– 쿤 느–아이 카낫–니–

네가 이렇게나 피곤해 하는 것을 본 적이 없다.

• **ไม่ เคย เห็น ว่า คุณ ขี้เกียจ ขนาดนี้**
마이 크ㅓ–이 헨 와– 쿤 카–끼–얏 카낫–니–

네가 이렇게나 게으른 것을 본 적이 없다.

• **ผม โง่ ขนาดนี้ เลย เหรอ**
폼 응오– 카낫–니– 르ㅓ–이 르ㅓ–

내가 이렇게나 바보인가?

• **ผม แย่ ขนาดนี้ เลย เหรอ**
폼 애– 카낫–니– 르ㅓ–이 르ㅓ–

내가 이렇게나 형편없나?

• **ผม เห็นแก่ตัว ขนาดนั้น เลย เหรอ**
폼 헨깨–뚜–아 카낫–난 르ㅓ–이 르ㅓ–

내가 그 정도로 이기적인가?

STEP 2. 제시된 단어를 활용하여 직접 써보기

เหนื่อย 피곤하다	ขี้เกียจ 게으르다	โง่ 미련하다, 바보스럽다
느-아이	키-끼-얏	옹오-

แย่ 형편없다, 못나다	เห็นแก่ตัว 이기적이다	
애-	헨깨-뚜-아	

• 네가 이렇게나 피곤해 하는 것을 본 적이 없다.

ไม่ เคย เห็น ว่า คุณ เหนื่อย ขนาดนี้

• 네가 이렇게나 게으른 것을 본 적이 없다.

ไม่ เคย เห็น ว่า คุณ ขี้เกียจ ขนาดนี้

• 내가 이렇게나 바보인가?

ผม โง่ ขนาดนี้ เลย เหรอ

• 내가 이렇게나 형편없나?

ผม แย่ ขนาดนี้ เลย เหรอ

• 내가 그 정도로 이기적인가?

ผม เห็นแก่ตัว ขนาดนั้น เลย เหรอ

45 꼬사멧 (เกาะเสม็ด)

▶ 오늘 배울 표현은 **언젠가**

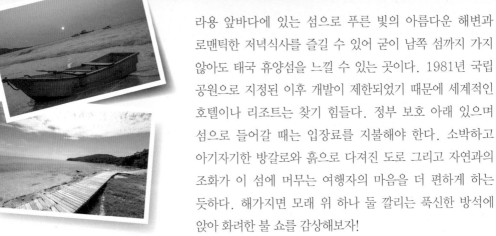

라용 앞바다에 있는 섬으로 푸른 빛의 아름다운 해변과 로맨틱한 저녁식사를 즐길 수 있어 굳이 남쪽 섬까지 가지 않아도 태국 휴양섬을 느낄 수 있는 곳이다. 1981년 국립 공원으로 지정된 이후 개발이 제한되었기 때문에 세계적인 호텔이나 리조트는 찾기 힘들다. 정부 보호 아래 있으며 섬으로 들어갈 때는 입장료를 지불해야 한다. 소박하고 아기자기한 방갈로와 흙으로 다져진 도로 그리고 자연과의 조화가 이 섬에 머무는 여행자의 마음을 더 편하게 하는 듯하다. 해가지면 모래 위 하나 둘 깔리는 푹신한 방석에 앉아 화려한 불 쇼를 감상해보자!

어떤 대화를 하는지 먼저 살펴볼까요?

 원어민의 음성을 들어보세요.

Thailand_45.mp3

1 A : ทั้ง ทะเล และ ท้องฟ้า เป็น สีฟ้า
탕 탈레- 래 텅-파- 뻰 씨-파-

จริงๆ
찡찡

B : สักวันหนึ่ง อยาก อยู่ ที่ ที่ เหมือน
싹완능 약- 유- 티- 티- 므-안

ที่นี่ มัน คือ ความฝัน ของ ฉัน
티-니- 만 크- 쾀-판 컹- 찬

2 A : แค่ ความฝัน เหรอ คุณ ทำ ได้ นะ
캐- 쾀-판 러- 쿤 탐 다-이 나

B : คุณ เชียร์ ฉัน เหรอ
쿤 치-야 찬 러-

3 A : แน่นอน สิ คุณ ต้อง ทำ ความฝัน
내-넌 씨 쿤 떵- 탐 쾀-판

ให้ เป็นจริง
하이 뻰찡

B : คุณ พูด ถูก
쿤 풋- 툭-

⭐ WORD

- **ท้องฟ้า** 하늘
  텅-파-
- **สีฟ้า** 파란색
  씨-파-
- **ความฝัน** 꿈
  쾀-판

- **แค่** 단지, 겨우, 오직
  캐-
- **เชียร์** 응원하다
  치-야
- **เป็นจริง** 실현되다, 이루어지다
  뻰찡

실전여행

대화한 내용을 떠올리며
원어민의 음성을 듣고 태국어로 말해보세요.

tip 00

» ทั้ง... และ는 '...와(과) ~ 둘 다'라는 뜻이다.
  탕   래

ex 물과 커피 둘 다 주세요.

เอา ทั้ง น้ำ และ กาแฟ ค่ะ/ครับ
아오 탕 남ˇ 래 까패ˉ 카 / 크랍

» พูด ถูก은 '맞는 말이야'라는 의미이다.
  풋ˉ   툭ˉ

พูด = 말하다
 풋ˉ

ถูก = 옳다, 맞다
 툭ˉ

STEP 1. 성조 보고 태국어로 말해보기

1

A : 탕 탈레ˉ 래 텅ˉ파ˉ
　　 뺀 씨ˉ파ˉ 찡찡

B : 싹완능 약ˉ 유ˉ 티ˉ
　　 티ˉ 므ˇ안 티ˉ니ˉ
　　 만 크ˉ 쾀ˉ판 컹ˉ 찬ˇ

2

A : 캐ˆ 쾀ˉ판 르ㅓˇ
　　 쿤 탐 다ˆ이 나

B : 쿤 치ˉ야 찬ˇ 르ㅓˇ

3

A : 내ˉ넌ˉ 씨 쿤 떵ˉ 탐
　　 쾀ˉ판 하이 뺀찡

B : 쿤 풋ˉ 툭ˉ

1

A : ทั้ง ทะเล และ ท้องฟ้า
เป็น สีฟ้า จริงๆ
B : สักวันหนึ่ง อยาก
อยู่ ที่ ที่ เหมือน ที่นี่
มัน คือ ความฝัน ของ ฉัน

A : 바다랑 하늘 둘 다 정말 파랗다.

B : 언젠가 이런 곳에서 살아보고 싶어.
그게 내 꿈이야.

2

A : แค่ ความฝัน เหรอ
คุณ ทำ ได้ นะ
B : คุณ เชียร์ ฉัน เหรอ

A : 단지 꿈이라고?
넌 할 수 있어!

B : 응원해주는 거야?

3

A : แน่นอน สิ คุณ ต้อง ทำ
ความฝัน ให้ เป็นจริง
B : คุณ พูด ถูก

A : 당연하지. 너의 꿈이 이루어지도록
해야 돼.

B : 네 말이 맞다.

สักวันหนึ่ง 언젠가
싹완능

STEP 1. 성조 보고 말해보기

- สักวันหนึ่ง คุณ จะ เสียดาย

  싹완능　　쿤　　짜　　씨-야다-이

  언젠가 너는 후회하게 될 것이다.

- สักวันหนึ่ง ผม จะ ลาออก

  싹완능　　폼　　짜　　라-억-

  언젠가 나는 퇴직할 것이다.

- สักวันหนึ่ง ผม จะ บิน

  싹완능　　폼　　짜　　빈

  언젠가 나는 비행할 것이다.

- สักวันหนึ่ง ผม จะ เลิก สูบบุหรี่

  싹완능　　폼　　짜　　르ㅓㄱ-　　쑵-부리-

  언젠가 나는 담배를 끊을 것이다.

- สักวันหนึ่ง ความฝัน จะ เป็นจริง

  싹완능　　쾀-판　　짜　　뼨쩡

  언젠가 꿈은 이루어질 것이다.

Point 1 สักวันหนึ่ง은 '어느 날, 언젠가'라는 뜻으로 문장 앞에 위치한다.
싹완능

Point 2 หนึ่งวัน = 하루
능완

STEP 2. 제시된 단어를 활용하여 직접 써보기

เสียดาย 후회하다
씨-야다-어

ลาออก 퇴직하다, 사직하다
라-억

บิน 날다, 비행하다
빈

เลิก 끊다, 그만두다
르ㅓㄱ-

สูบบุหรี่ 담배 피우다
쑵-부리-

• 언젠가 너는 후회하게 될 것이다.

สักวันหนึ่ง คุณ จะ เสียดาย

• 언젠가 나는 퇴직할 것이다.

สักวันหนึ่ง ผม จะ ลาออก

• 언젠가 나는 비행할 것이다.

สักวันหนึ่ง ผม จะ บิน

• 언젠가 나는 담배를 끊을 것이다.

สักวันหนึ่ง ผม จะ เลิก สูบบุหรี่

• 언젠가 꿈은 이루어질 것이다.

สักวันหนึ่ง ความฝัน จะ เป็นจริง

꼬창은 태국에서 푸켓 다음으로 큰 섬으로 열대우림과 푸른 바다가 있음에도 불구하고 한국에는 아직 잘 알려지지 않은 휴양지이다. '창'은 코끼리라는 뜻으로 멀리서 보이는 섬 형태가 코끼리를 닮았다고 하여 붙여진 이름이다. 주변에 흩어진 50여 개의 섬을 포함하여 모두 해양 국립공원으로 지정되었으며 세계적인 다이빙 포인트로도 유명하다. 외로운 청춘들이 많이 찾는다고 하여 이름 지어진 론리 비치는 젊은 배낭 여행객들의 성지로 자유와 감성이 있는 곳이다. 바다 위로 지는 석양을 바라보는 젊은이들의 뒷모습에서 그 이유를 찾을 수 있다.

미리보기

어떤 대화를 하는지 먼저 살펴볼까요?

🎧 원어민의 음성을
들어보세요.

▶️ Thailand_46.mp3

1 A : ชายหาด นี้ มี คน อยู่ หลาย คน
차-이핫- 니- 미 콘 유- 라-이 콘

โดยเฉพาะ หนุ่มสาว ครับ
도-이차퍼 눔싸-우 크랍

B : ดังนั้น มัน เรียก ว่า ชายหาด เหงา ค่ะ
당난 만 리-약 와- 차-이핫- 응아오 카

2 A : มัน เหมือน กับ ชื่อเล่น ใช่มั้ย ครับ
만 므-안 깝 츠-렌 차-이마이 크랍

B : ใช่ ค่ะ พวกเขา ทำให้ ฉัน นึกถึง
차이 카 푸-악카오 탐하이 찬 늑틍

วัน เก่าๆ ค่ะ
완 까오까오 카

3 A : อย่างเช่น อะไร ครับ
양-첸- 아라이 크랍

ผม ไม่ค่อย นึกถึง ครับ
폼 마이커-이 늑틍 크랍

D : นั่น เป็น คำถาม ที่ ตอบ ง่าย ค่ะ
난 뻰 캄탐- 티- 떱- 응아-이 카

⭐ WORD

หนุ่มสาว 젊은이 눔싸-우	**เหงา** 외롭다 응아오	**นึกถึง** 되새기다, 떠오르다 늑틍
ไม่ค่อย 그다지, 별로 마이커-이	**คำถาม** 질문 캄탐-	**ตอบ** 대답하다 떱-

실전여행

대화한 내용을 떠올리며
원어민의 음성을 듣고 태국어로 말해보세요.

tip 00

» ชื่อเล่น은 '별명'이라는 뜻이다.
  츠–렌–

태국에서는 이름 대신에 서로의 별명으로
부른다. 공식적인 자리나 비즈니스에서는
정식 이름을 사용하지만 보통은 서로의
별명으로 기억한다. 부모님이 지어주기도
하고 자신이 지을 수도 있는데 이 세상에
존재하는 모든 것의 명칭이 별명이 될 수
있기에 각양각색의 츠렌이 존재한다.

» อย่างเช่น은 '예를 들어, 이를테면'을 뜻한다.
  양–첸–

ⓔⓧ 이를테면 외로운 거?

อย่างเช่น เหงา เหรอ
양–첸–   응아오 르–

STEP 1. 성조 보고 태국어로 말해보기

1

A : 차–이핫– 니– 미– 콘 유– 라–이 콘
    도–이차퍼 늠싸–우 크랍

B : 당난 만 리–약 와–
    차–이핫– 응아오 카

2

A : 만 므–안 깝 츠–렌– 차이마이 크랍

B : 차이 카 푸–악카오 탐하이 찬
    늑틍 완 까오까오 카

3

A : 양–첸– 아라이 크랍
    폼 마이커–이 늑틍 크랍

B : 난 뻰 캄탐– 티– 떱– 응아–이
    카

1

A : ชายหาด นี้ มี คน อยู่ หลาย คน โดยเฉพาะ หนุ่มสาว ครับ

B : ดังนั้น มัน เรียก ว่า ชายหาด เหงา ค่ะ

2

A : มัน เหมือน กับ ชื่อเล่น ใช่มั้ย ครับ

B : ใช่ ค่ะ พวกเขา ทำให้ ฉัน นึกถึง วัน เก่าๆ ค่ะ

3

A : อย่างเช่น อะไร ครับ ผม ไม่ค่อย นึกถึง ครับ

B : นั่น เป็น คำถาม ที่ ตอบ ง่าย ค่ะ

1

A : 이 해변에 사람이 많은데 그중에서도 특히 젊은이들이 많네요.

B : 그래서 외로운 비치라고 불려요.

2

A : 별칭 같은 거죠?

B : 맞아요. 그들이 옛날을 떠오르게 하네요.

3

A : 예를 들면 어떤 거요?

서는 그다시 떠오르시 않아서요.

B : 대답하기 쉬운 질문인걸요.

315

โดยเฉพาะ 특히

도-이차퍼

- **โดยเฉพาะ ดอกไม้ นี้ สวย ที่สุด**

  도-이차퍼 덕-마-이 니- 쑤-아이 티-쑷

  특히 이 꽃이 제일 이쁘다.

- **โดยเฉพาะ ดอกไม้ นี้ หอม**

  도-이차퍼 덕-마-이 니- 험-

  유달리 이 꽃이 향기롭다.

- **โดยเฉพาะ ร้าน นี้ ถูก**

  도-이차퍼 란- 니- 툭-

  특히 이 가게가 저렴하다.

- **โดยเฉพาะ ไม่ ชอบ ผักชี**

  도-이차퍼 마이 첩- 팍치-

  특히 고수를 좋아하지 않는다.

- **โดยเฉพาะ ชอบ ร้าน ดอกไม้**

  도-이차퍼 첩- 란- 덕-마-이

  특히 꽃가게를 좋아한다.

โดยเฉพาะ는 '유달리, 특히, 특별히'라는 의미이다.

도-이차퍼

즉 비교 대상 중에서도 특별한 부분에 대해서 이야기 하고자 할 때 사용한다.

ex 우리 가족 모두 다 키가 크다. 그 중에서도 특히(โดยเฉพาะ) 내가 제일 크다.

도-이차퍼

STEP 2. 제시된 단어를 활용하여 직접 써보기

ดอกไม้ 꽃
덕-마-이

หอม 향기롭다
헝-

ร้าน 가게, 상점
란-

ถูก 저렴하다
툭-

ผักชี 고수
팍치-

• 특히 이 꽃이 제일 이쁘다.

โดยเฉพาะ ดอกไม้ นี้ สวย ที่สุด

• 유달리 이 꽃이 향기롭다.

โดยเฉพาะ ดอกไม้ นี้ หอม

• 특히 이 가게가 저렴하다.

โดยเฉพาะ ร้าน นี้ ถูก

• 특히 고수를 좋아하지 않는다.

โดยเฉพาะ ไม่ ชอบ ผักชี

• 특히 꽃가게를 좋아한다.

โดยเฉพาะ ชอบ ร้าน ดอกไม้

핫플레이스 태국 여행

남부지방 추천 비치

47 꼬피피 (หมู่เกาะพีพี)

➡️ 오늘 배울 표현은 **만약에**

알파벳 P처럼 생겼다 하여 이름 지어진 피피섬. 큰 섬인 '피피 돈'과 작은 섬 '피피 레'를 통칭하여 부른다. 태국 남부 작은 섬에 불과 하지만 1년 내내 여행객들의 발걸음이 끊이지 않는 곳이다. 섬으로 가까워질수록 깎아지른 듯한 수많은 석회암 절벽을 마주하게 되는데 사진 찍는 시간이 아까울 정도로 눈에 담기 바쁘다. 영화 〈더 비치〉를 통하여 전 세계에 알려진 후 세계적인 관광지가 되었지만 2004년 쓰나미로 큰 피해를 입기도 했다. 뷰포인트에 오르면 섬의 경치가 한눈에 보이니 꼭 올라가 보자. 모기 퇴치제를 들고 올라가야 고생 없이 즐길 수 있다.

어떤 대화를 하는지 먼저 살펴볼까요?

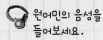
원어민의 음성을
들어보세요.

Thailand_47.mp3

1 A : ยุง เยอะ
      융   어

    B : ลงไป เอา ยากันยุง ไหม
       롱빠이   아오   야-깐융   마이

2 A : ขึ้น มาถึง ตรงนี้ แล้ว
      큰   마-틍   뜨롱니-   래-우

       คุณ ไม่ สบาย เหรอ
        쿤   마이   싸바-이   르ㅓ-

    B : รู้สึก คัน ไป ทั้งตัว
       루-쓱   칸   빠이   탕뚜-아

       ผม จะ ไม่ ทน อีกต่อไป นะ
       폼   짜   마이   톤   익-떠-빠이   나

3 A : ลงไป อีก กันเถอะ
      롱빠이   익-   깐트ㅓ

       ถ้า คัน มาก ไม่ ต้อง ขึ้น มา อีก นะ
       타-   칸   막-   마이   떵-   큰   마   익-   나

    B : ขอ ดู ก่อน นะ
       커-   두-   껀-   나

⭐ WORD

ยุง 모기 융	**ลงไป** 내려가다 롱빠이	**ยากันยุง** 모기 퇴치제 야-깐융
คัน 가렵다 칸	**ทั้งตัว** 온몸, 전신에 탕뚜-아	**ทน** 견디다 톤

실전여행

대화한 내용을 떠올리며
원어민의 음성을 듣고 태국어로 말해보세요.

tip 00

» ไป의 다양한 의미.
빠이

• 가다

ex 갈래? ไป ไหม
빠이 마이

TIP 화자를 기준으로 움직임이 멀어질 때도
동사와 결합하여 쓴다.

ex 내리다 ลง, 내려가다 ลง ไป
롱 롱 빠이

• 동사 뒤에 위치하여 동사의 동작이 계속
진행되는 경우 사용한다.

ex 끝나다 เสร็จ, 끝나간다 เสร็จ ไป
쎗 쎗 빠이

» สบาย 는 '편안하다, 안락하다, 건강하다'
싸바−이
라는 뜻으로 태국 문화를 잘 나타내는
단어이다. 예를 들어 태국 사람들은 보수가
적더라도 보다 편안하고 안정적인 일을
추구하는 성향이 강하다. '싸바이 문화'라고도
불린다.

ex 잘 지내셨어요? (평상시에 인사치레로 건네는 말)

คุณ สบาย ดี ไหม คะ / ครับ
쿤 싸바−이 디− 마이 카 / 크랍

» ขอ는 '요구하다, 부탁하다'라는 뜻이다.
커−
구어체에서 쓰일 경우 문장 앞에 써여 '(제가)
~해도 될까요? ~해볼게 혹은 (저에게) ~을
주세요'라는 의미를 나타낼 수 있다.

STEP 1. 성조 보고 태국어로 말해보기

1

A : 융 여

B : 롱빠이 아오 야−깐융 마이

2

A : 쿤 마−퉁 뜨롱니− 래−우
쿤 마이 싸바−이 르ㅓ−

B : 루−쓱 칸 빠이 탕뚜−아
폼 짜 마이 톤 익−떠−빠이 나

3

A : 롱빠이 익− 깐트ㅓ
타− 칸 막− 마이 떵− 큰
마− 익− 나

B : 커− 두− 껀− 나

1

A : ยุง เยอะ

B : ลงไป เอา ยากันยุง ไหม

1

A : 모기가 너무 많다.

B : 내려가서 모기퇴치제 가지러 갈래?

2

A : ขึ้น มาถึง ตรงนี้ แล้ว
คุณ ไม่ สบาย เหรอ

B : รู้สึก คัน ไป ทั้งตัว
ผม จะ ไม่ ทน อีกต่อไป นะ

2

A : 이미 여기까지 올라왔는데
너 안 괜찮은거야?

B : 온몸이 가려워 지고 있는데 더 이상
견딜 수 없을 것 같아.

3

A : ลงไป อีก กันเถอะ
ถ้า คัน มาก ไม่ ต้อง ขึ้น
มา อีก นะ

B : ขอ ดู ก่อน นะ

3

A : 다시 내려가자. 만약에 너무 가려우면
다시 올라올 필요 없어.

B : 먼저 지켜볼게.

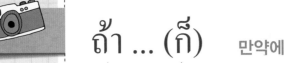

기억하기

ถ้า ... (ก็)   만약에
타–   (꺼–)

STEP 1. 성조 보고 말해보기

- **ถ้า แม่ ยอม ก็ เล่น ได้**
  타– 매– 염– 꺼– 렌– 다–이

  만약 엄마가 허락한다면 놀 수 있다.

- **ถ้า ทำ อีก โรงเรียน จะ ลงโทษ**
  타– 탐 익– 롱리–얀 짜 롱톳–

  만약 다시 한다면 학교에서 처벌할 것이다.

- **ถ้า เรา ร่วมใจ ก็ ทำ ได้**
  타– 라오 루–암짜이 꺼– 탐 다–이

  만약 우리가 합심한다면 할 수 있다.

- **ถ้า เรา มี โอกาส อีก มัน เป็น ปาฏิหาริย์**
  타– 라오 미– 오–깟– 익– 만 뻰 빠–띠한–

  만약 우리에게 다시 기회가 있다면 그것은 기적이다.

- **ถ้า แม่ ยอม มัน เป็น ปาฏิหาริย์**
  타– 매– 염– 만 뻰 빠–띠한–

  만약 엄마가 허락한다면 그것은 기적이다.

Point 1 ถ้า는 '만일, 만약에'라는 뜻으로 문장 앞에 위치한다.
타–

Point 2 หาก 또한 같은 뜻으로 쓰인다.
학–

STEP 2. 제시된 단어를 활용하여 직접 써보기

ยอม 허락하다. 동의하다   **ลงโทษ** 벌하다. 처벌하다   **ร่วมใจ** 협력하다. 협심하다
염–   롱톳–   루–암짜이

โอกาส 기회   **ปาฏิหาริย์** 기적
오–깟–   빠–띠한–

- 만약 엄마가 허락한다면 놀 수 있다.

  ถ้า แม่ ยอม ก็ เล่น ได้

- 만약 다시 한다면 학교에서 처벌할 것이다.

  ถ้า ทำ อีก โรงเรียน จะ ลงโทษ

- 만약 우리가 합심한다면 할 수 있다.

  ถ้า เรา ร่วมใจ ก็ ทำ ได้

- 만약 우리에게 다시 기회가 있다면 그것은 기적이다.

  ถ้า เรา มี โอกาส อีก มัน เป็น ปาฏิหาริย์

- 만약 엄마가 허락한다면 그것은 기적이다.

  ถ้า แม่ ยอม มัน เป็น ปาฏิหาริย์

48 끄라비 (กระบี่)

➡ 오늘 배울 표현은 (시간)~부러

태국 남부지역에서 푸켓만큼이나 인기가 많아진 끄라비. 눈부신 옥색 바다는 물론이고 맹그로브 숲과 계단식 온천 계곡, 석회암 동굴 등 자연이 만들어낸 신비한 곳들이 많다. 또한 암벽으로도 유명하여 전 세계인이 몰리는 암벽등반의 세계적 메카이기도 하다. 울창한 숲을 지나 걷다 보면 에메랄드 빛 자연 호수 '블루풀'을 만나게 된다. 끄라비에서 꼭 보아야 하는 곳으로 그 물이 파랑고 투명하여 물속에 깊게 퍼진 나무의 뿌리들도 생생하게 보일 정도이다. 경이롭다는 말은 이런 것을 보고 만들어진 게 아닐까 하는 생각이 든다. 블루풀 밑에 있는 에메랄드 풀에서는 물놀이가 가능하니 수영복을 챙겨가자!

원어민의 음성을
들어보세요.

Thailand_48.mp3

1

A : เมืองไทย มี 3 ฤดู ครับ
    므-앙타이   미- 쌈 르두- 크랍

B : จริง เหรอ คะ
    찡   르러-   카

2

A : มี ฤดู ร้อน ฤดู ฝน ฤดู หนาว ครับ
    미- 르두- 런   르두- 폰 르두- 나-우 크랍

B : เมื่อไหร่ จะ กลายเป็น ฤดู หนาว คะ
    므-아라이   짜   끌라-이뻰   르두-   나-우   카

3

A : ราวๆ ตั้งแต่ เดือน หน้า ครับ
    라-우라-우 땅때-   드-안   나-   크랍

B : ฉัน อยาก สัมผัส ฤดู หนาว ไทย ค่ะ
    찬   약-   쌈팟   르두-   나-우   타이   카

⭐ WORD

- ฤดู 계절
  르두-

- ฤดู ร้อน 여름
  르두- 런-

- ฤดู ฝน 우기
  르두- 폰

- ฤดู หนาว 겨울
  르두- 나-우

- กลายเป็น ~해지다, ~되다
  끌라-이뻰

- เดือน 월, 달
  드-안

실전여행

대화한 내용을 떠올리며
원어민의 음성을 듣고 태국어로 말해보세요.

tip 00

» ราวๆ는 '대충, 대강, 어리잡아'를 뜻한다.
라-우라-우
같은 표현으로 ประมาณ 또한 자주 사용한다.
쁘라만-

» หน้า의 다양한 의미
나-

• 얼굴

ex 네 얼굴 보고 싶어

อยาก เห็น หน้า คุณ
약   헨   나-   쿤

• 다음 [+หน้า]

ex 다음 달 เดือน หน้า
드-안 나-

내년   ปี หน้า
삐- 나-

• ~앞, 앞쪽 [หน้า+   ]

ex 집 앞에 หน้า บ้าน
나- 반-

» สัมผัส은 '만지다, 닿다, 감촉되다, 느끼다'
쌈팟
라는 뉘앙스의 뜻을 가진 단어. 직접
신체에 닿지 않아도 마음이나 정신으로
느껴지는 것을 표현할 때 사용할 수 있다.

1

A : 므-앙타이 미- 쌈- 르두- 크랍

B : 찡 르ㅓ- 카

2

A : 미- 르두- 런- 르두- 폰
르두- 나-우 크랍

B : 므-아라이 짜 끌라-이뻰
르두- 나-우 카

3

A : 라-우라-우 땅때- 드-안 나- 크랍

B : 찬 약- 쌈팟
르두- 나-우 타이 카

1

A : เมืองไทย มี 3 ฤดู ครับ

B : จริง เหรอ คะ

1

A : 태국에는 세 계절이 있어요.

B : 진짜요?

2

A : มี ฤดู ร้อน ฤดู ฝน
ฤดู หนาว ครับ

B : เมื่อไหร่ จะ กลายเป็น
ฤดู หนาว คะ

2

A : 여름, 우기, 겨울이 있지요.

B : 언제 겨울이 되나요?

3

A : ราวๆ ตั้งแต่ เดือน หน้า
ครับ

B : ฉัน อยาก สัมผัส
ฤดู หนาว ไทย ค่ะ

3

A : 대략 다음 달부터요.

B : 태국 겨울을 느껴보고 싶네요.

ตั้งแต่ ~(시간)부터
땅때-

- ฉัน จะ ตื่น เช้า ตั้งแต่ อาทิตย์ หน้า
  찬   짜   뜬-   차오   땅때-   아-팃   나-

  다음 주부터 나는 일찍 일어날 것이다.

- ฉัน เป็น ทนาย ตั้งแต่ อาทิตย์ หน้า
  찬   뻰   타나-이   땅때-   아-팃   나-

  다음 주부터 나는 변호사이다.

- ฉัน ตัด ผม เอง ตั้งแต่ เด็ก
  찬   땃   폼   엥-   땅때-   덱

  나는 어릴 때부터 머리를 혼자 잘랐다.

- เรา มี การประชุม ตั้งแต่ วันนี้ ถึง พรุ่งนี้
  라오   미-   깐-쁘라춤   땅때-   완니-   틍   프룽니-

  우리는 오늘부터 내일까지 미팅이 있다.

- ห้าม ตั้งแต่ วันนี้ ถึง พรุ่งนี้
  함-   땅때-   완니-   틍   프룽니-

  오늘부터 내일까지 금지다.

Point 1   ตั้งแต่는 시간 앞에 위치하여 '~(시간)부터'를 의미한다.
ตั้งแต่-

Point 2   ตั้งแต่ … ถึง = ~부터 …까지
ตั้งแต่-   ถึง

STEP 2. 제시된 단어를 활용하여 직접 써보기

อาทิตย์ 주	ทนาย 변호사	ตัด(ผม) (머리를) 자르다
아-팃	타나-이	땃 (폼)
การประชุม 미팅, 회의	**ห้าม** 금지하다, 금하다	
깐-쁘라춤	함-	

• 다음 주부터 나는 일찍 일어날 것이다.

ฉัน จะ ตื่น เช้า ตั้งแต่ อาทิตย์ หน้า

• 다음 주부터 나는 변호사이다.

ฉัน เป็น ทนาย ตั้งแต่ อาทิตย์ หน้า

• 나는 어릴 때부터 머리를 혼자 잘랐다.

ฉัน ตัด ผม เอง ตั้งแต่ เด็ก

• 우리는 오늘부터 내일까지 미팅이 있다.

เรา มี การประชุม ตั้งแต่ วันนี้ ถึง พรุ่งนี้

• 오늘부터 내일까지 금지다.

ห้าม ตั้งแต่ วันนี้ ถึง พรุ่งนี้

49

꼬팡안 (เกาะพะงัน)

▶ 오늘 배울 표현은 ~하세요

일명 파티 아일랜드라 불리는 꼬팡안. 매달 음력 보름에 열리는 풀문 파티로 음악과 파티를 사랑하는 여행자들이 가득한 섬이다. 긴 해변을 따라 서로 다른 장르의 음악이 디제잉 되고 보디페인팅 상점들이 넘쳐난다. 모래사장을 환하게 비추는 보름달과 시원한 바닷바람까지 더해져 감성을 자극하기 때문에 젊은이들의 열기는 아침 동이 뜰 때까지 식을 줄 모른다. 반면, 반대편 해변에는 파티 아일랜드라 불리는 것이 무색할 정도로 조용한데 요가, 명상, 유기농 음식 등 몸과 마음을 힐링하기 위한 웰빙 프로그램들이 운영되고 있다. 주로 장기 투숙 여행객들이 이곳에서 머물며 자신을 돌아보는 시간을 갖는다. 무엇보다 좋은 사람들과 깊은 대화를 나눌 수 있다는 것이 이곳을 더 특별하게 만든다.

원어민의 음성을
들어보세요.

Thailand_49.mp3

1

A : เชิญ ครับ โรงเรียน โยคะ ครับ
　　처ㅓㄴ－　크랍　롱－리얀　　요－카　크랍

B : ใครๆ ก็ เรียน ได้ เหรอ คะ
　　크라이크라이 꺼　리얀　다－이 르ㅓ－　카

2

A : ได้ ครับ เหตุผล ที่ คุณ มา คือ
　　다－이 크랍　헷－폰　티－ 쿤 마 크ㅡ－

อะไร ครับ
아라－이　크랍

B : ช่วงนี้ ฉัน รู้สึก ใจร้อน ดังนั้น
　　추－앙니　 찬　루－쓱　 짜이런－　당난

อยาก ลอง โยคะ ค่ะ
약－　렁－　요－카　카

3

A : คุณ จะ รู้สึก ผ่อนคลาย ใน ไม่ช้า ครับ
　　쿤　짜　루－쓱　펀－클라－이　나이　마이차－ 크랍

ตอนนี้ เข้า เรียน ได้ ครับ
떤－니　카오　리얀　다－이 크랍

B : ห้องเรียน อยู่ ข้าง หลัง ใช่มั้ย คะ
　　헝－리얀　 유－　캉－　 랑　 차이마이　카

⭐ WORD

- **โยคะ** 요가
　요－카

- **ใครๆ** 누구든지
　크라이크라이

- **เหตุผล** 이유
　헷－폰

- **ผ่อนคลาย** 완화되다, 긴장이 풀리다
　펀－클라－이

- **เข้า** 들어가다, 입장하다, 참여하다
　카오

- **ห้องเรียน** 교실
　헝－리얀

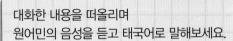

» ใจร้อน '성질이 급하다/불같다, 초조하다.
　　짜이런-
성급하다'라는 의미이다.

태국어에는 ใจ '마음'에서 파생된 단어가
　　　　　　짜이
많은데 모든 것은 마음에서 시작된다는
불교의 뜻으로 마음을 중요시하는
성향이 크기 때문이다.

» ข้าง은 '쪽, 방향'을 뜻하며 위치와 함께
　캉-
결합하여 정확한 방향을 나타낸다.

[ข้าง + 위치]

ex 뒤쪽 = ข้าง หลัง
　　　　 캉-　랑

위쪽 = ข้าง บน
　　　 캉-　본

STEP 1. 성조 보고 태국어로 말해보기

1

A : 츠ㅓ-ㄴ- 크랍
롱-리-얀 요-카 크랍

B : 크라이크라이 꺼- 리-얀 다-이 르ㅓ- 카

2

A : 다-이 크랍
헷-폰 티- 쿤 마- 크- 아라이 크랍

B : 추-앙니- 찬 루-쓱 짜이런-
당난 약- 렁- 요-카 카

3

A : 쿤 짜 루-쓱 펀-클라-이
나이 마이차- 크랍
떤-니- 카오 리-얀 다-이 크랍

B : 헝-리-얀 유- 캉- 랑 차이마이 카

1

A : เชิญ ครับ

โรงเรียน โยคะ ครับ

B : ใครๆ ก็ เรียน ได้ เหรอ คะ

2

A : ได้ ครับ

เหตุผล ที่ คุณ มา คือ

อะไร ครับ

B : ช่วงนี้ ฉัน รู้สึก ใจร้อน

ดังนั้น อยาก ลอง โยคะ ค่ะ

3

A : คุณ จะ รู้สึก ผ่อนคลาย

ใน ไม่ช้า ครับ

ตอนนี้ เข้า เรียน ได้ ครับ

B : ห้องเรียน อยู่ ข้าง หลัง

ใช่มั้ย คะ

1

A : 어서오세요.

요가스쿨입니다.

B : 누구든지 요가를 배울 수 있는 거죠?

2

A : 그렇답니다.

어떤 이유로 오셨나요?

B : 요즘 제가 마음이 초조해지는 것 같아서
요가를 한번 해보고 싶었어요.

3

A : 곧 편안함을 느끼게 될 거예요.

지금 수업에 들어갈 수 있답니다.

B : 교실은 뒤쪽에 있죠?

เชิญ ~하세요
츠ㅓㄴ—

- เชิญ ตามสบาย ค่ะ
  츠ㅓㄴ— 땀—싸바—이 카

  편하게 하세요.

- เชิญ เข้ามา ค่ะ
  츠ㅓㄴ— 카오마— 카

  들어오세요.

- เชิญ นั่ง ข้าง หน้า ค่ะ
  츠ㅓㄴ— 낭 캉— 나— 카

  앞쪽에 앉으세요.

- เชิญ เข้ามา ข้าง ใน ค่ะ
  츠ㅓㄴ— 카오마— 캉— 나이 카

  안쪽으로 들어오세요.

- เชิญ ก่อน ค่ะ ฉัน จะ รอ ข้าง นอก ค่ะ
  츠ㅓㄴ— 껀— 카 찬 짜 러— 캉— 넉— 카

  먼저 하세요. 밖에서 기다리고 있을게요.

Point 1 เชิญ의 본연의 뜻은 '초대하다, 청하다'라는 뜻이지만 구어체에서 문장 앞에 쓰여 '부디, 어서 ~하세요' 라는 의미를 나타낼 수 있다.

추ㅓㄴ-

Point 2 상점, 식당, 편의점에서 자주 사용되는 표현이다.

STEP 2. 제시된 단어를 활용하여 직접 써보기

- ตามสบาย 편안히
  땀-싸바-이

- เข้ามา 들어오다
  카오마-

- ข้าง หน้า 앞쪽
  캉-   나

- ข้าง ใน 안쪽
  캉- 나이

- ข้าง นอก 바깥쪽
  캉-   넉-

- 편하게 하세요.

  เชิญ ตามสบาย ค่ะ

- 들어오세요.

  เชิญ เข้ามา ค่ะ

- 앞쪽에 앉으세요.

  เชิญ นั่ง ข้าง หน้า ค่ะ

- 안쪽으로 들어오세요.

  เชิญ เข้ามา ข้าง ใน ค่ะ

- 먼저 하세요. 밖에서 기다리고 있을게요.

  เชิญ ก่อน ค่ะ ฉัน จะ รอ ข้าง นอก ค่ะ

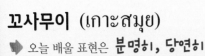

꼬사무이 (เกาะสมุย)

50

➡ 오늘 배울 표현은 **분명히, 당연히**

코코넛 섬이라 불릴 정도로 섬 전체가 코코넛 나무로 가득한 꼬사무이. 신혼여행지로 사랑받는 섬으로 푸른 해변을 마주하고 있는 풀빌라와 대형 리조트까지 연인과 가족 여행객들을 겨냥한 고급휴양지이다. '사무이'는 깨끗하다는 뜻으로 '깨끗한 섬'이라 풀이된다. 유명해지기 오래전부터 유럽인들의 사랑을 받았던 곳으로 그들의 문화가 함께 결합되어 다른 섬들과는 달리 이국적인 분위기를 느낄 수 있는데 일명 '태국 속 작은 유럽'이라 불리기도 한다. 꼬팡안으로 향하는 많은 배가 꼬사무이를 거쳐 가게 되면서 현재는 젊은이들을 위한 트렌디한 여행지로도 변화하고 있다. 꼬사무이로 가는 길에는 다양한 경로가 있으나 방콕에서 비행기를 타고 한 번에 들어가는 것이 가장 편하다.

원어민의 음성을
들어보세요.

Thailand_50.mp3

1

A : เรา เพิ่ง แต่งงาน และ มา ฮันนีมูน
　　라오　퓨ㅓ-　땅-응안　래　마-　한니-문-

ครับ
크랍

B : ยินดีด้วยที่ แต่งงาน ค่ะ
　　인디-두어아이티-　땅-응안　카

2

A : มี อะไร พิเศษ ให้ คู่รัก ไหม ครับ
　　미-　아라이　피쎗-　하이　쿠-락　마이　크랍

B : มี อย่างแน่นอน ค่ะ
　　미-　양-내-넌　카

เรา ให้ ไวน์ 2 ขวด ค่ะ
라오　하이　와이　썽-　쿠-앗　카

3

A : ที่นี่ คือ สวรรค์ ครับ ขอบคุณ มาก ครับ
　　티-니-　크-　싸완　크랍　컵-쿤　막-　크랍

B : ฉัน เอา ไวน์ มา ให้ นะ คะ
　　찬　아오　와이　마-　하이　나　카

⭐ WORD

แต่งงาน 결혼하다 땅-응안-	**ฮันนีมูน** 신혼여행 한니-문-	**คู่รัก** 연인 쿠-락
ไวน์ 와인 와이	**ขวด** 병 쿠-앗	**สวรรค์** 천국 싸완

실전여행

대화한 내용을 떠올리며
원어민의 음성을 듣고 태국어로 말해보세요.

» ยินดีด้วยที่ '~해서 축하해'라는 뜻이다.
인디-두-아이티-

» 신혼여행은 태국어로 **น้ำผึ้งพระจันทร์**
남풍프라짠

이지만, 영어발음 그대로 **ฮันนีมูน**으로
한니-문-

더 많이 사용한다.

STEP 1. 성조 보고 태국어로 말해보기

1

A : 라오 프ㅓ오- 땅-웅안-
래 마- 한니-문- 크랍

B : 인디-두-아이티- 땅-웅안- 카

2

A : 미- 아라이 피쎗- 하이 쿠-락 마이
크랍

B : 미- 양-내-넌- 카
라오 하이 와이 썽- 쿠-앗 카

3

A : 티-니- 크- 싸완 크랍
컵-쿤 막- 크랍

B : 찬 아오 와이 마- 하이 나 카

1

A : เรา เพิ่ง แต่งงาน
และ มา ฮันนีมูน ครับ
B : ยินดีด้วยที่ แต่งงาน ค่ะ

2

A : มี อะไร พิเศษ ให้
คู่รัก ไหม ครับ
B : มี อย่างแน่นอน ค่ะ
เรา ให้ ไวน์ 2 ขวด ค่ะ

3

A : ที่นี่ คือ สวรรค์ ครับ
ขอบคุณ มาก ครับ
B : ฉัน เอา ไวน์ มา ให้ นะ คะ

1

A : 저희는 이제 막 결혼을 하고 신혼여행을
왔어요.

B : 결혼 축하드려요.

2

A : 커플을 위한 특별한 것이 있나요?

B : 당연히 있죠.
와인 2병을 드린답니다.

3

A : 여기가 천국이군요.
정말 감사합니다.

B : 제가 와인을 가지고 올게요.

341

อย่างแน่นอน 분명히, 당연히

양–내–넌–

- เขา มี ความมั่นใจ อย่างแน่นอน

  카오 미–   쾀–만짜이   양–내–넌–

  분명히 그는 자심감이 있다.

- ความสุข อยู่ ใกล้ เรา อย่างแน่นอน

  쾀–쑥   유– 끌–라이 라오   양–내–넌–

  분명히 행복은 우리 가까이 있다.

- ความพยายาม ไม่ โกหก อย่างแน่นอน

  쾀–파야–얌–   마이 꼬–혹   양–내–넌–

  분명히 노력은 거짓말을 하지 않는다.

- ความหวัง อยู่ ใกล้ เรา อย่างแน่นอน

  쾀–왕   유– 끌–라이 라오   양–내–넌–

  분명히 희망은 우리 가까이 있다.

- ความสำเร็จ รอ เรา อยู่ อย่างแน่นอน

  쾀–쌈렛   러– 라오 유–   양–내–넌–

  분명히 성공은 우리를 기다리고 있다.

STEP 2. 제시된 단어를 활용하여 직접 써보기

ความมั่นใจ 자신감
캄-만짜이

ความสุข 행복
캄-쑥

ความพยายาม 노력, 시도
캄-파야-얌-

ความหวัง 희망
캄-왕

ความสำเร็จ 성공
캄-쌈렛

- 분명히 그는 자심감이 있다.

เขา มี ความมั่นใจ อย่างแน่นอน

- 분명히 행복은 우리 가까이 있다.

ความสุข อยู่ ใกล้ เรา อย่างแน่นอน

- 분명히 노력은 거짓말을 하지 않는다.

ความพยายาม ไม่ โกหก อย่างแน่นอน

- 분명히 희망은 우리 가까이 있다.

ความหวัง อยู่ ใกล้ เรา อย่างแน่นอน

- 분명히 성공은 우리를 기다리고 있다.

ความสำเร็จ รอ เรา อยู่ อย่างแน่นอน

태국과 함께 여행하면 좋은 이웃나라!

베트남

베트남은 남과 북이 긴 나라이다. 북쪽 하노이와 남쪽 호치민은 같은 나라임에도 불구하고 생활환경과 분위기가 확연히 다르다. 대표 여행지인 두 곳 모두 여행할 것을 추천한다. 베트남을 대표하는 PHO(쌀국수)와, 월남쌈을 튀긴 짜조 그리고 연유를 넣어 만든 달달한 베트남 커피까지 풍성하고 다양한 음식을 즐길 수 있다. 베트남 쌀국수와 태국 쌀국수를 비교해보자!

⭐ **쉬어가기** 태국과 함께 여행하면 좋은 이웃나라!

라오스

선풍적인 여행지로 급부상하는 라오스. 때묻지 않은 순박한 자연 그대로의 모습으로 시간이 천천히 가는듯한 느긋한 기분이 든다. 도시 전체가 유네스코 세계문화유산으로 지정된 루앙프라방과 아름다운 경관이 있는 작은 마을 방비엥은 여행객들의 마음을 사로잡는다. 밤이 찾아온 하늘에 수놓은 별들을 바라보며 마시는 차 한 잔은 라오스만의 느림의 미학이 무엇인지 느끼게 한다.

캄보디아

1,000년의 역사를 간직한 미지의 나라 캄보디아. 세계 7대 불가사의 중에 하나로 3만여 명의 장인들이 30년에 걸쳐 완성시킨 앙코르와트는 단연 최고로 손꼽히는 역사 유적이다. "캄보디아는 곧 앙코르와트이다"라는 말이 생겨날 정도로 그 장엄한 자태와 웅장한 기운이 남다르다. 황금빛 석양에 물들어가는 신비로운 앙코르와트를 눈과 마음에 담아보길 바란다.

MEMO

MEMO

바로톡 talk

여행 태국어

🔍 태국 핫플레이스 50